DIX-HUIT MOIS
DANS
L'AMÉRIQUE DU SUD

LE BRÉSIL, L'URUGUAY
LA RÉPUBLIQUE ARGENTINE, LES PAMPAS
Et Voyage au Chili
PAR LA CORDILLÈRE DES ANDES

PAR

LE Cte EUGÈNE DE ROBIANO

PARIS
E. PLON ET Cie, IMPRIMEURS-ÉDITEURS
10, RUE GARANCIÈRE
—
1878
Tous droits réservés.

P
'62

DIX-HUIT MOIS

DANS 769

L'AMÉRIQUE DU SUD

L'auteur et les éditeurs déclarent réserver leurs droits de traduction et de reproduction à l'étranger.

Ce volume a été déposé au ministère de l'intérieur (section de la librairie) en avril 1878.

PARIS. — TYPOGRAPHIE DE E. PLON ET Cie, RUE GARANCIÈRE, 8.

DIX-HUIT MOIS

DANS

L'AMÉRIQUE DU SUD

LE BRÉSIL, L'URUGUAY
LA RÉPUBLIQUE ARGENTINE, LES PAMPAS
ET LE VOYAGE AU CHILI
PAR LA CORDILLÈRE DES ANDES

PAR

Le Cte EUGÈNE DE ROBIANO

PARIS

E. PLON ET Cie, IMPRIMEURS-ÉDITEURS
10, RUE GARANCIÈRE.

1878

AVANT-PROPOS

Ai-je besoin de le dire? mon intention n'est pas d'écrire un ouvrage savant. Mon peu d'autorité, un esprit plus enthousiaste, peut-être, que profond, un jugement souvent trop porté à ne considérer que le meilleur côté des choses, en sont des motifs suffisants.

Cependant, désireux d'occuper utilement mes loisirs de jeunesse, j'ai voyagé, j'ai vu et j'ai beaucoup appris; et maintenant, poussé par de sympathiques amis, j'ai la faiblesse de croire qu'il ne m'est pas permis de tout ensevelir, et j'écris!

A mes amis, aux personnes qui veulent bien me porter intérêt ou que ne trouve

AVANT-PROPOS.

point indifférentes un récit de voyageur simple et vrai, je dédie cette série de lettres de voyage. Puissent ceux auxquels elles s'adressent y trouver un dédommagement suffisant à la peine qu'ils prendront de les lire !

Bruxelles, 1er janvier 1878.

DIX-HUIT MOIS

DANS

L'AMÉRIQUE DU SUD

LE BRÉSIL

I

RIO-JANEIRO

Arrivée à Rio-Janeiro. — Impressions premières. — Panorama. — Débarquement. — Rio et son aspect. — Origine du nom de Rio-Janeiro. — Vue d'ensemble de la ville. — Vue de détail : les maisons, les rues. — Tilburys et tramways. — Les hôtels, les théâtres. — Arts, sciences et lettres. — Monuments. — Jardins : le *Passeio publico*. — Faubourgs et villas. — Le Jardin botanique.

Quitter l'Europe un beau matin, et se trouver, après vingt et un jours d'une traversée plus que monotone, transporté, sans transition sensible et comme par enchantement, sous le ciel des tropiques, au sud de l'Amérique, au milieu de nègres et d'Indiens vivant au centre d'une civilisation avancée; découvrir tout à coup, entre le ciel, les rochers et la mer, la capitale d'un grand empire, entourée de hautes montagnes et parée de la plus riche végétation du monde; pénétrer, en un mot, par cette gorge étroite et resserrée entre des massifs de granit hauts de plus de mille pieds et distants à peine de deux milles, dans la célèbre baie de Rio : telle est l'étrange situation du voyageur qui, comme moi, choisit pour débarquer sur le sol d'Amérique la voie de France au Brésil.

Il serait difficile, pour ne pas dire impossible, de résumer ici l'impression générale que produit le moment de l'arrivée. La joie de fouler bientôt cette terre où tout est surprise et grandeur, le désir de quitter l'étroite et mortelle prison où l'on croit avoir été ballotté autant de siècles qu'on le fut de jours, enfin, l'imagination en travail, la curiosité en éveil, s'unissent aux splendeurs réelles qui partout frappent le regard du voyageur, pour le plonger malgré lui dans le ravissement.

Et, de fait, jamais tableau plus enchanteur, jamais spectacle plus grandiose s'offrit-il à l'œil étonné? Une baie de trente lieues de tour, à l'aspect à la fois riant et sévère, dont le flot, calme d'ordinaire, emprunte tour à tour au soleil, à la côte, aux objets qui l'entourent, les tons les plus tranchés comme les plus divers; çà et là, tout un archipel d'îles ou de roches couronnées de bois, d'habitations, de forts; entre elles, mille blanches voiles, mille maisons flottantes dormant tranquilles sur la face des eaux au milieu d'autres qui les croisent ou s'arrêtent à leur tour; au fond, et s'étendant en vaste amphithéâtre, Rio et ses faubourgs; enfin, pour arrêter et comme pour fixer le regard dans ces climats où la transparence de l'air réclame un fond sévère pour les tableaux de la nature, un immense cintre de montagnes, aux tons accentués, à l'attitude sauvage, aux crêtes variées et bizarres, qui, de la base au faîte, n'offrent en panorama qu'un vaste rideau de verdure.

Et que dire de ce soleil d'hiver qui brille beaucoup plus qu'il ne brûle sur un ciel toujours sans nuages, de ces tièdes effluves qui renvoient sur les eaux les parfums de la côte, de cette végétation luxuriante des tropiques qui répand à pleines mains le palmier, le cocotier, le manguier, le bambou et le bananier; qui sème dans les forêts ces lianes flexibles, ces parasites incomparables, ces fougères arborescentes; qui produit de toutes parts ces massifs verdoyants qu'émaillent des grappes de fleurs sans cesse renaissantes et qu'égaye le joyeux concert de tant d'oiseaux merveilleux, arcs-en-ciel ailés de ces climats fortunés!

Cependant, en prenant terre, en posant un pied encore mal assuré sur les débris qui encombrent les quais, en se faufilant à travers la foule tapageuse et odorante des nègres, comme bientôt en subissant les ennuis et les lenteurs de la douane, en traversant les rues étroites, tortueuses et mal pavées de la ville basse, le nouveau débarqué ne tarde pas à reconnaître que Rio n'est pas encore la ville enchanteresse par excellence, et que ce rêve, s'il l'a fait, l'a sans doute étrangement abusé.

Il y a dans Rio deux parties bien distinctes, et qu'on croirait à peine, à les voir si dissemblables, se toucher d'aussi près : ce sont la ville et les faubourgs ; ceux-ci, vastes, bien aérés, émaillés de palais, de villas, et semés de jolies promenades, font croire au voisinage d'une grande capitale, tandis que la ville, au contraire, par ses rues tortueuses et ses petites maisons malpropres et mal semées, rappelle plutôt le campement et la bourgade. Et, de fait, ne serait-ce pas par son origine même que pourrait s'expliquer le caractère particulier de cette ville au moins étrange?

Ces habitations ne sont-elles pas le type de celles qu'élève un peuple conquérant et nomade, qui, débarquant tout à coup au sein d'une contrée riche, mais sauvage, inexplorée, malsaine, jette les fondements d'une ville en disant : « Amassons et partons ! » Qui sait combien de temps durera leur conquête? Qui sait à quels obstacles ils vont peut-être se heurter? Qui sait enfin ce que leur réservent la maladie, le climat, les indigènes? Dès lors, pourquoi élever des palais?

Oui, pour faire de Rio une ville à la hauteur de sa destinée politique, de son exceptionnelle position et de son titre de capitale d'un vaste empire, il faudrait tout jeter à terre et emprunter à l'Europe, à grands frais, la pioche légendaire de l'ancien préfet de la Seine. Que cela se fasse un jour, dans un avenir prochain peut-être, je n'en puis douter un instant; mais le moment ne semble pas encore venu, et nous devons nous contenter de voir et d'étudier Rio tel qu'il est aujourd'hui.

Un mot sur l'origine du nom de cette ville ne serait peut-être pas dépourvu d'intérêt et trouverait ici sa place naturelle. Mais, tout d'abord, je tiens à prévenir le lecteur que, n'étant rien moins qu'étymologiste moi-même, je n'invente pas, je répète. *Rio,* dans la langue de l'empire, signifie « fleuve » ou « rivière »; *Janeiro,* « janvier ». Conduits par la main d'un heureux destin, les Portugais, en frais de découvertes, tombent, un beau jour, dans cette immense baie que termine, à sa partie nord-ouest, un marais allongé qui va, en se resserrant, mourir à près de trois milles dans les terres. Ravis, émerveillés, ne pouvant croire à ce jeu de la nature, à ce chef-d'œuvre de la mer, ils se figurent être à l'embouchure d'un fleuve qu'ils remonteront plus tard; et, jugeant la place propice à leur dessein, ils jettent, sans vérifier leur impression première, les fondements d'une ville qu'en raison de ce fleuve ils baptisent Rio, lui annexant le mot *Janeiro,* pour rappeler l'époque de leur belle découverte (janvier 1556). Or, jamais fleuve n'arrosa ces parages.

On s'étonne aujourd'hui que cette appellation, fruit d'une erreur si simple à réformer, et, somme toute, brevet d'ignorance signé de ses auteurs, ait été ensuite religieusement conservée par eux. Il y a plus : cette erreur se trouve encore confirmée dans la langue usuelle par le mot *fluminense* (du fleuve), qualificatif à peu près siamois de tout ce qui à Rio est essentiellement national, ou mieux, citadin, et dont les indigènes semblent faire le plus grand cas ; ainsi, j'ai assisté à bon nombre de fêtes données dans les salons du *Casino fluminense* ; je m'y rendais dans les voitures de gala de la Compagnie *fluminense,* etc.

En voilà assez sur le nom ; revenons à la chose. Rio, nous l'avons dit, se divise en deux parties bien distinctes : la ville fait tache sur les faubourgs. Occupons-nous de celle-ci tout d'abord.

Solidement assise sur les rochers qui entourent la baie, formant amphithéâtre sur l'espace compris entre elle et les montagnes, couvrant même de ses habitations et de ses monuments de petites collines comprises dans la zone de son développement, elle est d'ensemble gracieux et coquet. Mais elle résiste peu à l'analyse et perd assurément à être parcourue. Les maisons, d'ordinaire sans étage, sont petites et serrées les unes contre les autres, chose remarquable dans un endroit où le terrain n'avait nulle valeur. Les rues sont étranglées, mal pavées ou semées de galets de mer ; souvent un fossé, dans toute leur longueur, les coupe par le milieu ; les trottoirs y sont rares, ou, si les dalles existent, placées au ras du pavé, elles adoucissent à peine la marche du piéton, et sans jamais protéger sa personne contre l'incroyable audace des cochers nègres ; enfin, l'entretien de la voirie y laisse beaucoup à désirer, et il n'est pas rare d'y heurter des chiffons, des décombres, voire même des animaux morts.

Veut-on, à défaut de chiffres exacts (et je ne les cite qu'à bon escient), se faire une idée de l'étranglement des rues ? Voici la plus centrale et la plus animée : c'est la *rua do Ouvidor,* célèbre s'il en fut, la rue des magasins, du luxe, de l'étalage, le Corso de Rome, le boulevard des Italiens de Paris, le Regent street de Londres... Eh bien ! là, les voitures ne peuvent circuler qu'en un sens, et dès six heures du soir l'entrée même de la rue leur est tout à fait interdite. Mais, en revanche, quelle animation ! C'est bien là que semble se jouer le grand, l'éternel proverbe des villes d'Amérique : *Time is money.* On ne marche pas, on court ; les rares flâneurs doivent en prendre leur parti et essuyer gaiement la bousculade des trois cent mille paires de coudes dont dispose le Rio du commerce et des affaires. Certes, le roulage, dans ces rues étroites, accidentées et déjà presque toutes sillonnées de tramways, ne contribue pas peu à la difficulté de la circulation. Il se compose, en grande partie, d'immenses charrettes et de camions aux roues minces, mais géantes, pourvues de moyeux débordants dont on s'explique peu l'avantage; de lourdes calèches rappelant l'âge de pierre de la carrosserie; enfin, de petites voitures découvertes et curieuses, sorte de tilburys n'offrant qu'une place à côté du cocher; le tout attelé de mules, le cheval étant un objet de luxe au Brésil, où le sable l'aveugle, le pavé le détruit et le climat le tue.

A Rio, la voiture type, celle qui est la plus répandue, est le cab à deux roues ou le petit tilbury dont je viens de parler : on s'y installe à côté du cocher, souvent propriétaire, quelquefois nègre et toujours sans tarif. Libre à vous, étranger, de discuter avec lui le prix en portugais ! Mais ce n'est pas tout : modèles de suspension, ces petits véhicules ne connaissent pas d'obstacles et ne modèrent jamais leur allure : ils coupent en tous sens les rails des tramways, ne respectant ni les trottoirs, ni souvent même les piétons, et vous ballottent à plaisir. S'il est quelque fossé ou solution de continuité dans le pavé des rues, le conducteur se donne un grand air d'importance, ramasse ses rênes, vous regarde, chasse la mule qui franchit au galop... et la voiture passe à la grâce de Dieu, retombant pile ou face, mais face le plus souvent. C'est on ne peut plus amusant, quand ce n'est pas très-dangereux. Heureusement, on peut souvent se passer de ce moyen de locomotion; car le Brésil est vraiment la patrie des tramways, on les rencontre partout. Ils marchent avec une régularité parfaite, et l'on ne peut que s'incliner devant la façon dont est comprise l'administration. Rio d'abord, puis Buenos-Ayres et New-York, sont les trois villes du monde où l'on en voit le plus. Ces voitures sont attelées de fortes mules que nègres et mulâtres manœuvrent avec une remarquable adresse. Coquettement installées et construites, ouvertes, fermées, pour fumeurs, pour non fumeurs, se suivant sans intervalle appréciable, elles roulent sur double voie partout et souvent toute la nuit. Elles devaient obtenir un immense succès dans une ville où la chaleur et le pavé rendent la marche pénible, et où l'habitant, naturellement mou, a horreur de la moindre fatigue.

Aussi ces omnibus sont-ils remplis d'échantillons de toutes les classes de la société : on y coudoie des négresses comme des ambassadeurs. Mais que les gens économes et rangés ne s'avisent pas d'y monter si la distance n'en vaut guère la peine ; car le système adopté est le prix uniforme, quoique minime, sur tout le parcours, lequel embrasse parfois jusqu'à huit et dix kilomètres. Ce système est-il le meilleur ? Je l'ignore ; mais les entrepreneurs des tramways de Rio font de brillantes affaires : ainsi, les actions primitives de la principale section, émises à cinq cents francs, en valent aujourd'hui deux mille cinq cents, et donnent un intérêt moyen de 168 pour 100 à leurs heureux, mais rares détenteurs.

Quoique ces chiffres soient assez éloquents par eux-mêmes et me dispensent d'en citer d'autres, à ceux qu'intéresseraient les profits que peuvent faire, à cinquante centimes par place, quelques-unes de ces lignes, je dirai que cette même société, qui en exploite trois, bénéficie chaque jour d'une moyenne de sept à huit mille francs, et les dimanches et fêtes de douze à treize mille.

Les hôtels à Rio sont nombreux, mais petits, chers et rarement confortables. L'absence de bons « chefs » s'y fait assez sentir ; il faut aussi, à chaque repas, disputer à des légions de mouches les vivres qu'on vous sert; et la nuit, en dépit des plus sages précautions, les cancrelats rongeurs et les moustiques dévorants ne parviennent que trop à vous faire oublier la présence, constatée pourtant, d'insectes plus vulgaires. Ce n'est, après tout, que l'état habituel des inconvénients de ce genre; mais il en est d'autres plus extraordinaires, et si étranges parfois, qu'on refusera peut-être de croire qu'à peine débarqué de huit jours, je tuai, une nuit, à coups de cravache, un vrai serpent dans ma chambre d'hôtel. Aussi, si je ne croyais devoir à l'*hôtel de Paris* et à celui *de l'Europe* une mention plus flatteuse, je rangerais sur la même ligne tous les établissements de ce genre et n'en parlerais même pas; mais à chacun ce qui lui revient : là, du moins, les « chefs » sont sérieux et les maisons bien tenues.

La vie de café n'est pratiquée là-bas que sur une petite échelle; et, chose qui à première vue semble tout à fait contraire à l'idée que nous nous faisons des mœurs américaines, le Brésilien n'a ni cercle ni club. La vie cesse, à Rio, après la sortie des théâtres : ceux-ci, heureusement, sont nombreux et assez bien montés d'ailleurs; mais croirait-on que l'Alcazar et l'opérette française y font fureur chaque soir, tandis que l'Opéra n'est que d'installation récente et ne réussit qu'avec peine!

La musique, cependant, est en honneur dans la classe élevée : on en fait de bonne dans beaucoup de salons, et les concerts de musique classique réunissent chaque fois un grand concours de gens choisis, à la tête desquels ne manque jamais de se trouver l'empereur, qui comprend, patronne et soutient tous les arts. Hélas! le champ en est restreint; car, si l'on compte à Rio quelques virtuoses amateurs, quelques artistes de talent, vainement y chercherait-on un bon musée de peinture ou de sculpture nationale. Il y a plus d'avancement, au Brésil, du côté des sciences et des lettres, et cette branche, qui, somme toute, est la base essentielle et comme le miroir de la civilisation des peuples, y fait chaque jour de nouveaux et d'importants progrès.

On le voit, d'après la peinture sévère, mais fidèle, qui vient d'en être faite, la capitale de l'empire n'offre pas en elle-même toutes les ressources ni tous les agréments qu'on serait en droit d'en attendre. On y remarque sans doute des monuments clair-semés et nombre de jolies églises; mais à part quelques anciens couvents, ces monuments, dans leur ensemble ni dans leurs lignes, n'ont rien qui attire particulièrement le regard ou captive spécialement l'attention.

D'autre part, au contraire, partout où l'architecte a confié à la nature prodigue et au sol généreux la réalisation de ses plans, les plus petits ouvrages sont devenus des chefs-d'œuvre, et l'on ne peut se défendre d'une réelle admiration devant tous ceux où la végétation joue le principal rôle. Parmi les squares et jardins, d'ailleurs trop rares dans l'enceinte même de la ville, se trouve un parc d'une dizaine d'hectares seulement, qui, sous le modeste nom de *Passeio publico* (promenade publique), s'est acquis à bon droit une grande célébrité. Ce n'est d'un bout à l'autre qu'une immense serre à ciel ouvert, où se pressent, dans un ordre parfait, les plus riches comme les plus rares produits de la végétation des tropiques : le parc est dessiné à l'anglaise, agrémenté de pelouses, de pièces d'eau, de ponts et de canaux, et pourvu de bons chemins sablés aboutissant à une terrasse sur la mer. Le palmier nain, le palmier éventail et mille autres plantes indigènes forment sur les gazons les plus riches bouquets ; et, comme si ce n'était pas assez de ce ravissant coup d'œil, des autruches, des casoars et d'autres animaux bizarres, mais familiers, errant curieux à vos côtés, semblent des promeneurs qui partagent avec vous les enivrements du grand air et de la liberté.

C'est encore cette végétation luxuriante qui fait le principal charme des faubourgs et des environs de Rio : ici, les allées sont toutes bordées de palmiers, de manguiers, d'orangers ou de bananiers; là, les bambous forment de gracieux bouquets et de jolis berceaux à l'entour de villas qu'enlacent ou recouvrent des fleurs et des plantes de mille espèces, entre lesquelles se distingue avant tout la feuille rouge appelée *lingua de papagaio* (langue de perroquet).

Et que dire de l'endroit qui paraît à lui seul résumer toutes ces merveilles et les étale sur une vaste superficie dans un des sites les mieux choisis des environs, le Jardin botanique? On suit, pour s'y rendre, un délicieux parcours dans de profondes vallées qui, de la baie, vont rejoindre la mer. Ce jardin tant vanté, et d'ailleurs soigneusement entretenu, offre tout d'abord au regard deux grandes allées de palmiers qui se coupent à angle droit. Plantées de dix en dix mètres, ces deux cents colonnes immenses, qu'on dirait taillées au ciseau, mesurent plus de cent pieds d'élévation chacune, et rien ne contrarie leur parfaite régularité. Quoique peut-être un peu froid, le coup d'œil en est imposant, grandiose et, je crois, unique au monde. Citons encore une avenue d'arbres dont le nom m'échappe, mais qui ressemblent à de grands citronniers et qui, jusqu'à quelques mètres du sol, poussent leurs racines au dehors. Rien de curieux comme de voir ces dernières, à claire-voie ou roulées en spirales, porter l'arbre ainsi suspendu. Il y a aussi le labyrinthe de bananiers, cette plante si prodigue de fruits et dont une feuille suffit pour cacher un homme debout, et les grands faisceaux de bambous de soixante pieds de haut, qui, sous le souffle des vents, produisent une étrange et sauvage musique. Enfin, d'autres essences heureusement combinées complètent l'ensemble du jardin, et en font un lieu de promenade aussi charmant qu'instructif.

II

LES BRÉSILIENS

Détails de mœurs, scènes intimes. — Arrivée d'un steamer en rade de Rio. — Le câble transatlantique. — Un grand bal au Casino. — Visite à S. M. don Pedro II. — Le palais de Saint-Christophe. — Train de maison de l'empereur, sa simplicité. — La religion catholique au Brésil. — Une grande cérémonie religieuse à Rio. — Quelques mots sur la race nègre.

J'ai dit en quelques mots les ressources de la ville pour l'étranger qui ne se soucierait pas d'y prendre pied, c'est-à-dire de s'y créer des relations; mais, comme l'unique moyen de juger d'une société est de s'y faire admettre et d'y vivre, je me serais bien gardé, quant à moi, d'en négliger les occasions. A première vue, la chose paraît facile, étant donnée la réputation d'hospitalité grande qu'on prête aux peuples de l'Amérique du Sud, et qu'ils méritent en effet, quoique avec certaines restrictions; car, pour ne citer que le Brésilien, plus directement en cause dans le sujet qui nous occupe, je ne crois pas trop m'avancer en disant qu'il est aussi peu enclin à admettre l'étranger dans son intérieur, à la ville, que large et grandiose dans sa façon de le recevoir au milieu de ses immenses plantations. Quels qu'en soient les motifs (et je crois, pour ma part, en avoir saisi quelques-uns), le fait existe et durera, je pense. Raison de plus, pour celui à qui sa bonne étoile a fait franchir l'obstacle, de s'en féliciter et d'être reconnaissant à ceux dont l'influence ou la haute position a fait tomber devant lui les barrières de la vie d'intimité et de coterie. Une fois admis dans une famille, on en fait désormais partie, et l'on y retrouve l'abandon et la cordialité vraie de ces braves planteurs qui, dans leurs terres, vous reçoivent si bien qu'on ne les quitte jamais sans regret. La causerie, la danse ou le thé, le plus souvent la musique, font les frais ordinaires de ces réunions intimes, et l'on y trouve mille occasions de constater le caractère un peu vaniteux, peut-être, mais, en général, « bon enfant », de ce qui compose, à proprement parler, la société de Rio.

Il est évident que, dans son idée, le Brésilien ne se croit nullement en retard sur l'Europe; et, de fait, extérieurement du moins, il commence à en prendre follement les modes et les mœurs, alors même qu'il s'en trouve la première victime : témoin la redingote noire et le chapeau de soie dont il s'affuble à toute heure de la nuit et du jour, en dépit du soleil, de la poussière et du climat. On regrette de voir ainsi le cachet propre de chaque pays se perdre jusque dans ses moindres détails, au seul profit de l'absurde loi du nivellement universel. De même, le parapluie est devenu l'accessoire obligé de tout homme qui se respecte : il n'a cependant que rarement à le préserver de la pluie; en revanche, il lui sert presque constamment d'abri contre le soleil; alors, pourquoi abandonner aux nègres l'usage du joli parasol qu'on portait autrefois? Mais, qui sait? ce regret n'est peut-être pas exempt de tout sentiment égoïste; car, moi qui me promettais un immense succès d'un charmant parasol de soie verte et jaune, c'est-à-dire aux couleurs du Brésil, dont je m'étais intelligemment muni au départ, et qui me rendit, après tout, quelques services pendant la traversée, je dus l'abandonner au premier nègre qui, là-bas, fut attaché à ma personne. Au moins j'eus la joie de constater qu'il était de son goût plus encore que du mien. Sans plus de frais, je me fis un ami; et plus d'une fois je m'entendis dire depuis, chose toujours touchante, avouez-le : « Le maître est bon; petit nègre fidèle donner gaiement sa vie pour lui. »

Je viens de faire allusion à la difficulté qu'on éprouve à pénétrer dans l'intérieur du Brésilien; eh bien, dans la rue, au théâtre, à l'hôtel, il n'y a pas d'homme plus liant que lui, et l'on n'en finit pas, sans pourtant les chercher, de présentations, de compliments et de poignées de main. Au reste, de ces dernières l'Amérique est prodigue, et l'on aurait, à quelque rang qu'on appartienne, fort mauvaise grâce à refuser là-bas la main à ses principaux fournisseurs. Il faut se faire à ces mœurs qui, sans doute, ont du bon.

L'étranger, heureusement, échappe à l'accolade. Celle-ci reste toute brésilienne et se donne dans la rue aussi bien que partout ailleurs; elle remplace la poignée de main chez des amis plus intimes, et comporte, comme accompagnement obligé, trois petits coups réciproques dans le dos, qu'on est toujours tenté de prendre pour quelque signe maçonnique.

Pour compléter l'article « détail de mœurs », qu'on me permette d'en citer encore quelques-uns, plus intimes, mais non moins caractéristiques. Un des travers du Brésilien est d'être plus cérémonieux et complimenteur que de raison. Bien vite, heureusement, on sait ce que parler veut dire, et l'on finit par se faire à tant de choses qui surprennent tout d'abord. Ainsi, vous vous extasiez sur un objet quelconque et croyez de bon goût d'en complimenter le détenteur : « *As suas ordens* (A vos ordres), il est à vous », répond-il invariablement; mais gardez-vous bien de le prendre : vous vous feriez peut-être un mortel ennemi, tout en perdant, à coup sûr, votre réputation de savoir-vivre et presque d'honnête homme. Ou bien encore, vous écrivez à une personne de votre famille ou de vos amis : l'une de vos connaissances de la veille, sans se douter même du nom de votre correspondant, ne manquera jamais de vous dire, s'il vous surprend dans cette occupation : « Présentez, je vous prie, mes hommages à cette aimable personne. » Et cet adieu, au moins aussi original que stéréotypé : « A tout à l'heure », se dit alors même qu'on se quitte pour toujours. Enfin, que penser de cette phrase parfaitement authentique, dite devant moi à l'un de mes bons amis ? Nous venions d'être présentés à un homme marquant et distingué, un des planteurs les plus riches et les mieux posés du pays, avec lequel nous restâmes depuis en relations suivies. Il était réellement on ne peut plus gracieux à notre égard, et, littéralement, nous accablait de politesses, quand tout à coup, avisant mon ami : « Décidément, lui dit-il, vous êtes un charmant homme. Que n'ai-je à marier une fille jeune et jolie ? Les yeux fermés, je vous dirais : Vous plaît-elle ? parlez ! Elle est à vous. »

Dans cette ville naguère encore privée de nouvelles venant d'Europe et de l'étranger, le grand événement, celui qui, plus que tout autre, captive, agite et passionne, c'est l'arrivée d'un steamer, souvent impatiemment attendu. Il fait bon voir alors l'animation du port et l'encombrement des rues basses. Le commerce et la finance, l'employé, le colporteur et l'esclave se pressent sur les quais, tandis qu'aux flancs du steamer nouveau venu vont s'accrocher quelques petits bateaux à vapeur et des grappes sans fin d'embarcations légères aux pavillons flottants et aux mille couleurs.

Puis, tandis que les avides s'abreuvent de

nouvelles, que d'autres se précipitent et s'embrassent, que d'autres encore profitent du trouble général pour goûter de la cuisine du bord, là, sous l'échelle à peine descendue, les matelots se battent, s'injurient et s'arrachent indistinctement passagers et colis; les maîtres des barques font leur prix, à l'honneur, naturellement, des nègres qui les montent et pour l'exploitation des passagers qui s'y confient. Sur une éminence voisine, le sémaphore déploie le pavillon du steamer; les tramways en prennent les couleurs, et les journaux de la localité publient à grand tapage la bonne nouvelle, ainsi que la liste complète des nouveaux débarqués. Deux bâtiments voisins, le *Correio* (la Poste) et la *Bolsa* (la Bourse), ne désemplissent pas de curieux, et l'arrivée des sacs aux lettres et dépêches est partout saluée de vives acclamations.

Aujourd'hui l'ouverture du câble transatlantique a quelque peu terni la couleur de ce tableau, dans lequel la politique et le commerce, renseignés au jour le jour, ne figurent plus qu'accessoirement. Mais il faut s'incliner devant la réussite de cette grande entreprise, et la plus belle fête à laquelle il m'ait été donné d'assister dans le nouveau monde fut celle de l'inauguration de ce service télégraphique. Ce câble, si plein d'avenir et de promesses, devait cependant, durant un certain temps, bouleverser fatalement le marché du pays et celui de la ville.

Appréciant mieux que tout autre les immenses avantages que son empire allait retirer de ce fait capital, l'empereur voulut donner à cette fête un éclat inaccoutumé, et les vastes salons du *Casino fluminense* réunirent le soir autour de Sa Majesté l'élite de la population, soit quelques milliers de personnes. Le bal fut splendide et se prolongea jusqu'au jour. Les riches pierreries du Brésil, unies aux modes de Paris, rehaussaient étrangement les visages basanés et les têtes poudrées de mille jeunes femmes aux traits plus accentués que classiques. L'homme qui, de son côté, ne dédaigne pas la parure, se couvre ordinairement d'éclatantes richesses. La jeune fille n'y résiste qu'à peine; elle porte souvent, au bal comme dans la rue, le pince-nez d'or qu'une chaîne de même métal, passant au-dessus de l'oreille, va relier à son cou. Cet accessoire de toilette manque de goût : cependant la coquetterie n'est pas pour rien, dit-on, dans cette mode bizarre. Quant à la danse, elle ne diffère pas de la nôtre, si ce n'est qu'on la pratique peut-être mieux, davantage, et avec plus d'animation.

La fête était brillante : un excellent orchestre en activait la marche. L'empereur était visiblement heureux. Il vint à moi, et j'eus personnellement l'honneur de m'entretenir avec Sa Majesté. J'avais eu, peu de temps auparavant, le plaisir de lui être présenté en son palais de Saint-Cristophe. Qu'il me soit permis de parler de cette entrevue, qui restera pour moi l'un des plus agréables souvenirs de mon voyage.

L'empereur est un homme d'une cinquantaine d'années, à la taille élevée, au port majestueux, à la longue barbe blanche, aux cheveux grisonnants, à l'air intelligent et distingué. Honoré d'une audience gracieusement accordée, je m'y rendis avec notre ministre, M. Bartholeyns de Fosselaert, et le comte Charles d'Ursel, premier secrétaire de notre légation. C'est une chose imposante que d'aller ainsi, en pays étranger, présenter au souverain du plus grand empire du monde ses hommages en tête-à-tête ; mais Sa Majesté Brésilienne est si bonne, elle unit à beaucoup de prestance tant de simplicité et d'attraits, que l'on se sent vite à l'aise auprès d'elle. Alors, on jouit vraiment de son aimable et savante conversation ; car l'empereur est non-seulement un politique habile et un homme très-intelligent, mais un savant versé dans toutes les sciences, un polyglotte parlant aisément plusieurs langues et un exemple rare de prodigieuse mémoire. Il lit tout ce qui se publie, chez lui comme à l'étranger, mais surtout en Europe ; il sait tout ce qui se passe et a réponse à tout ; j'ose dire qu'il est une des têtes les plus fortes du monde couronné. Il a de la Belgique une haute opinion, et m'a longuement questionné sur ses ressources, son industrie, sa politique ; puis, me félicitant de mes goûts de voyage et m'indiquant gracieusement quelques belles excursions à faire dans la contrée, il me tendit la main et me dit qu'il fallait à tout prix emporter du Brésil un heureux souvenir. Faisant alors à reculons les trois saluts réglementaires, nous passâmes au salon de S. M. l'impératrice. Cette princesse est vive, spirituelle, enjouée ; elle aime à converser familièrement ; comme l'empereur, elle porte sur les traits un grand cachet de bonté. C'est, du reste, leur marque distinctive à tous deux, et l'on s'explique, à les voir non moins qu'à les entendre, l'idolâtrie réelle que leur ont vouée leurs sujets. Sa Majesté m'entretint quelque temps de la famille royale belge; puis elle me demanda, avec un réel intérêt, des nouvelles et des détails sur ma propre famille, ce qui ne laissa pas de me toucher vivement. Bref, j'emportai de ma visite au palais de Saint-Cristophe un souvenir qui ne périra pas. Leurs Majestés se font un véritable plaisir de recevoir les rares étrangers qui débarquent à Rio; ceux-ci, de leur côté, auraient tout à perdre en négligeant l'occasion d'approcher d'aussi aimables et gracieux souverains.

Le palais de Saint-Cristophe n'offre en lui-même rien de particulier. Il est vaste et bien situé dans un des beaux faubourgs de Rio; son architecture est simple à l'extérieur, et sa décoration intérieure d'une grande sobriété. Les mœurs de ses augustes habitants sont d'ailleurs patriarcales, et le train de maison de la famille impériale ne répond certes pas à sa haute position. Ainsi, pour ne parler que des équipages de la cour, la voiture de gala que traînent, à tour de rôle, de belles mules harnachées d'or ou six petits chevaux noirs, n'est qu'une antique berline à huit ressorts que son train jaune et ses vieilles dorures font ressembler, à s'y méprendre, aux carrosses du siècle dernier.

L'escorte se compose d'une vingtaine d'officiers de police à cheval qui ne quittent pas un instant le galop. L'impératrice est-elle de la promenade, son unique dame d'honneur, doña Josephina, la suit dans une triste calèche qu'on ne prendrait, en station sur nos places, qu'à la dernière extrémité.

Il est vrai que l'empereur a peu de fortune personnelle; sa liste civile est modeste, et il préfère consacrer l'une et l'autre à l'encouragement des arts, au développement des sciences, à l'extension des œuvres de philanthropie. De là sa grande simplicité. Il semble, du reste, s'y complaire : les Chambres lui ayant voté naguère un fort crédit supplémentaire pour remonter son train de maison, Sa Majesté, jalouse de sa juste popularité, ne voulut point l'accepter.

Le théâtre est, je crois, son unique distraction; mais il paraît y prendre un sérieux intérêt, et trois fois par semaine on le rencontre dans l'un des cinq ou six grands théâtres de Rio. Il rend visite, successivement, aux principaux établissements publics de la ville, et ne manque jamais d'assister le dimanche, en grande pompe, aux offices religieux. Aux grandes processions, lui-même et trois de ses ministres ou de ses chambellans portent, recueillis et chapeau bas, le dais du saint Sacrement : cette piété produit un bon effet dans un pays où, pour être la religion d'État, le culte catholique semble, en pratique, se borner à bien peu de chose.

Autant que je puis avoir eu par moi-même le regret de le constater, la religion, au Brésil, est presque réduite, du moins en ce qui concerne la partie mâle de la population, à quelques formes extérieures. Un tramway passe-t-il devant une église, croise-t-on un convoi funèbre, rencontre-t-on un prêtre ou une croix, chacun, avec respect, se découvre et s'incline ; mais les dimanches et fêtes, à l'heure des offices, entrez dans une de ces grandes églises si nombreuses à Rio, comptez les hommes, et vous serez tristement impressionné... — Hélas ! faut-il le dire ? l'exemple ne vient pas assez régulièrement d'en haut : le clergé indigène lui-même n'est pas toujours à la hauteur de sa grande mission.

Veut-on, du reste, se rendre compte de ce que peut être une grande cérémonie religieuse dans une église de Rio ? En voici une à laquelle j'assistai, peu de jours après mon arrivée. C'était le dimanche de clôture du mois de Marie.

Qu'on se figure un grand carré dallé d'une

2.

cinquantaine de mètres de côté; le maître-autel et le jubé se trouvent dans une sorte d'abside; de petits autels règnent tout autour; la décoration est blanc et or; à l'étage, des galeries et loges à rideaux de damas rouge remplies de dames en grande toilette, qui causent et s'éventent avec plus de bruit encore que de grâce; sur les dalles, en bas, pas une chaise; nègres et blancs, mulâtres et planteurs debout, s'agenouillant, ou mieux, s'accroupissant aux parties principales de l'office et faisant à tout moment le triple signe de la croix qu'on achève en se baisant le pouce; l'office, à six ou huit prêtres; vingt-quatre enfants de chœur, flanqués de nombreux aides et maîtres de cérémonie; en tenue, l'arme au bras, des soldats dans chaque coin; au jubé, un orchestre complet, disposé dans le goût de celui de nos concerts populaires; devant cet orchestre, à des moments déterminés, des femmes, appartenant souvent au meilleur monde et toutes de soie vêtues, exécutent, musique en main, des solos dignes de nos meilleurs théâtres. Voilà la mise en scène; tout cela est fort beau, mais vous laisse bien froid. Encore, si les fidèles, cette fois décidément plus nombreux que de coutume, étaient plus recueillis;

mais on cause, on se dit bonjour, parfois même on s'embrasse ; bref, on s'agite beaucoup ; çà et là, quelques chiens installés ou vaguant, quelques caniches s'étirant aux côtés de leurs maîtresses, n'attendent pas, pour s'impatienter, la seconde heure de l'office, et joignent leurs sourds murmures aux vagissements des petits moricauds, dont les heures de repas ont sans doute été dérangées. Les livres sont absents, ou du moins pas un n'est ouvert ; à peine quelques vieilles nourrices, quelques mulâtresses centenaires égrènent-elles le chapelet ou soupirent-elles d'inintelligibles prières. Fasse le ciel qu'au moins elles soient comprises là-haut !

Vêtues de blanc relevé de rubans rouges, ou parées de couleurs atrocement voyantes pour lesquelles elles semblent éprises d'un goût contre nature, follement décolletées, une ou deux roses piquées comme des épingles dans l'enchevêtrement de leur noire crinière, les jeunes négresses ne semblent occupées qu'à fixer le regard ou se complaire en elles-mêmes. Quant aux nègres (dont les cheveux crépus abritent tour à tour le *palito*[1] et la cigarette), avec leurs petits

---

[1] On désigne sous ce nom le petit éclat de bois d'oranger ou

yeux brillants, ils font vingt fois le tour de ce cercle attrayant, et, quand commence le sermon qui coupe en deux l'office, ils vont fumer sous le péristyle et deviser entre eux.

Sont-ils originaux, ces nègres, si abondants dans ce pays lointain! Bien qu'esclaves en majeure partie, ils sont gais de leur naturel : ils rient et folâtrent toujours. Le soleil est leur dieu ; la chaleur les dilate : par contre, ils s'assombrissent avec le temps, et la pluie les agace plus encore qu'elle ne les mouille.

Chanteurs que rien n'arrête, ils ont toujours quelque antique refrain que volontiers ils répètent en chœur, quand, par les rues de la ville, ils marchent au pas, porteurs de lourds fardeaux. Ils tiennent tous entre eux, et forment une vraie famille : deux nègres qui se croisent sans s'être jamais vus s'abordent gaiement, fraternisent et se perdent en menus propos. Indolents et mous par nature, ils sont taillés cependant pour les fortes fatigues, et s'acquittent, au besoin, des plus rudes travaux.

Plus tard, nous reprendrons l'intéressant sujet du nègre ; le trait suivant prouvera jusqu'à quel

de citronnier qui est d'un usage si général et sert de cure-dent dans toute l'Amérique du Sud.

point les individus de cette étrange race peuvent, à l'occasion, pousser la coquetterie. Je connaissais beaucoup de vue l'un de ces messieurs, nègre du plus beau noir, et, ma foi! fort joli garçon : il était employé dans un établissement voisin de mon hôtel, et depuis longtemps sa haute stature et sa démarche fière faisaient à la fois mon bonheur et mon admiration. Or, à Rio, comme partout ailleurs, on voit de jeunes Italiens promener par les rues ces caisses de bois blanc que surmonte une forme de semelle et qui contiennent du cirage et des brosses. C'est, paraît-il, les dimanches et fêtes, une industrie lucrative au Brésil. Chaque dimanche, frais et pimpant, mon nègre s'avançait, hélait son petit protégé, et, du plus grand sérieux du monde, se faisait cirer, non la chaussure, mais les pieds.

III

ENVIRONS DE RIO

Nictheroy et ses alentours. — Une chasse en pirogue. — Montagnes célèbres. — Le pain de sucre. — Un lever de soleil au Corcovado. — La Tijuca. — La petite ville de Petropolis.

Les environs immédiats de Rio sont des plus remarquables et se prêtent merveilleusement à l'excursion. S'il faut, pour se rendre un compte tout à fait exact du pays, se mettre en frais de voyages et gagner l'intérieur, du moins peut-on jouir, à l'entour même de la baie et sans quitter un rayon d'ailleurs fort peu étendu, de toutes les beautés de la nature brésilienne comme des principales richesses de la végétation tropicale.

Précisément en face de Rio qu'elle regarde, et lui faisant pendant de l'autre côté de l'eau, voici Nictheroy, petite ville dont les habitations coquettes se ressentent avantageusement d'une origine plus récente. Un double service de vapeurs ou *bonds* maritimes la relie à la capitale, dont elle devient ainsi presque un faubourg. On désigne sous le nom de *bonds* maritimes des steamers spéciaux établissant à travers la baie des communications directes entre divers points de la côte. Quelques-uns de ces bateaux sont aménagés de façon à transporter aussi les chevaux, charrettes et voitures, et peuvent alors en charger un grand nombre, sans gêner les passagers. Toutes les dix minutes, une des deux compagnies qui dirigent ce service effectue à son tour un départ vers Nictheroy, et *vice versa*. Cette petite traversée ne manque pas de charme : on serpente au milieu des steamers, des trois-mâts, des navires de guerre de la marine brésilienne ou étrangère ; les pavillons de tous les pays du monde flottent de toutes parts ; à chaque tour de roue, le panorama se modifie ; de nombreux oiseaux de mer accompagnent le navire, et, çà et là, quelques requins et marsouins étalent au soleil leur échine brillante ou prennent sur les eaux leurs fantasques ébats.

Nictheroy n'offre à l'œil rien de particulier ; mais c'est le point de départ de belles excursions.

Là, vous reprennent des tramways qui courent le long de la plage; là, vous trouvez des mules pour l'ascension des montagnes; enfin, de là, vous vous rendez en quelques heures à des sites charmants, à des lacs écartés et sauvages. Quelques-uns de ces lacs abondent en gibier d'eau et attirent particulièrement le chasseur. On y chasse en pirogue, c'est-à-dire à peu près couché au fond d'une simple écorce creusée qui se relève et fait saillie aux deux bouts; chasse d'ailleurs pleine de charme et d'émotions de tout genre. Je n'eus, pour m'en convaincre, qu'à m'y livrer pendant quelques instants.

Un jour, en effet, nous fîmes une partie de chasse sur une de ces petites mers formées aux environs de Nictheroy par le caprice des eaux de la baie. A quatre ou cinq, nous étions, au soleil levant, couchés séparément au fond de nos pirogues, flanqués chacun d'un nègre qui, debout derrière le chasseur, silencieux et presque immobile, dirigeait l'embarcation. C'est pratique et charmant : de sa longue pagaie qu'il manœuvre à ravir, le noir vous fait glisser rapidement et sans bruit le long du bord et des joncs; un oiseau se lève : vous faites feu; s'il tombe, le nègre s'en approche, et, du revers de sa pagaie, sans suspendre la marche, le dépose à vos pieds. Je m'amusais infiniment d'un sport aussi nouveau pour moi, et j'avais fait déjà de nombreuses victimes, quand tout à coup part un oiseau superbe que je veux abattre à tout prix. Méconnaissant en ce moment les règles de la plus vulgaire prudence, j'exécute, pour tirer, un brusque mouvement. L'oiseau tombe, mais pas seul : la pirogue s'était retournée, et dans le lac étaient tombés pêle-mêle le chasseur, son arme, ses munitions, son nègre, son gibier et ses provisions de bouche. L'eau, d'ailleurs, était bonne, le bord peu éloigné et les grands joncs voisins. Le sauvetage fut rapide et facile. Pour me sécher, je courus sur le sable. J'ai ri tout le premier de ma mésaventure; mes compagnons, sans doute, en riaient plus franchement que moi, et je conviens que la chose était de nature à divertir mieux encore la galerie que l'acteur. Mais le soleil des tropiques eut bientôt fait de réparer le désastre, et je repris la chasse si brusquement interrompue. Instruit par l'expérience, je fus, il est vrai, plus prudent à l'avenir; mais je n'en conservai pas moins une vive passion pour la chasse en pirogue, que, par la suite, je renouvelai fréquemment.

Ce qui donne à l'ensemble des montagnes qui entourent Rio un aspect plus particulièrement original et fantastique, c'est la diversité même des formes qu'elles affectent. En entrant dans la baie, on passe tout d'abord contre le Pain de sucre (*Pâo d'assucar*), cet immense monolithe que la nature semble avoir fait la sentinelle du pays, et dont le nom indique suffisamment la forme. Ce célèbre rocher s'avance comme un môle gigantesque à la porte même de la baie, qu'il resserre étrangement et met à l'abri de la barre et des coups de la pleine mer. En face de soi, on a les hauteurs de Petropolis et les Orgues, crêtes élevées dont les fines aiguilles se dessinent nettement sur le ciel; à droite, une suite de monts verdoyants, arrondis, chaînes aux anneaux multiples et serrés; à gauche, la *Gavia,* simulant une crête de coq; puis le *Corcovado,* dont l'étroite terrasse surplombe un vide immense, et qui fait le gros dos, justifiant ainsi son nom de bossu (*corcovado*); enfin la *Tijuca* offre, plus loin, trois pics en forme de volcans, dont le plus élevé, *Pico de Papagaio,* commande toutes les hauteurs voisines et semble plus que tout autre inviter à l'ascension.

Quiconque a eu la rare fortune d'aborder à

Rio conserve toujours présente l'image du Pain de sucre, ce géant de granit dressant sa tête chauve à plus de mille pieds au-dessus des eaux. De quelque endroit de la ville, de quelque lieu des environs qu'il ait porté son regard sur l'ensemble du grand tableau, ce bloc immense lui est toujours apparu dans sa noble posture et dans sa froide immobilité. Peut-être alors a-t-il eu, comme moi, l'idée de s'engager sur ses arêtes vives, de se cramponner à ses moindres saillies, et de parvenir, coûte que coûte, à son sommet. Il y a des choses qui fatalement vous attirent, peut-être en raison même de leur impossibilité. Le sommet de ce roc, longtemps considéré comme tout à fait inaccessible, fut un jour franchi cependant. Voici l'histoire ; elle est récente encore ; trois ans à peine nous séparent de ce fameux événement.

C'était le soir. Un sujet britannique (d'autres aussi peuvent avoir de ces idées, eux seuls les réalisent) s'avisa de tenter la terrible ascension. Matelot de son état, moitié chat, moitié serpent, sans doute, ce hardi personnage réussit, en dépit de tout obstacle, et planta fièrement sur la tête du rocher, en gage de succès, le pavillon anglais qu'il portait en écharpe ; puis, après avoir opéré non moins heureusement la descente, calme, mais satisfait, il regagna la ville endormie. Jusque-là, tout était pour le mieux ; mais le lendemain, grand émoi dans Rio, quand au lever du soleil on vit flotter aux portes de la baie le nouvel étendard. On se le montrait, on s'agitait; de toutes parts des groupes se formaient où l'on discutait vivement. Si l'on était unanime à reconnaître la valeur d'un tel trait d'audace, c'était en même temps de fort mauvais œil qu'on voyait à cette place un autre pavillon que celui du Brésil. Cependant les étrangers, et surtout les Anglais, ne dissimulaient pas leur joie et n'en marchandaient pas l'expression : « Enlevez-le donc; remplacez-le ! » criaient-ils aux plus animés : et chacun s'échauffant, l'affaire prit des proportions telles que l'autorité s'en émut et que le fort le plus voisin reçut ordre, le soir, de pointer le fameux drapeau. Mais le ministre anglais intervint en ce moment : « On ne tirera pas, dit-il, sur notre pavillon. » Et voilà comment il se fit qu'une flamme anglaise, attestant d'un acte d'audace presque sans précédent, flotta, de longs mois, sur le rocher, jusqu'à ce qu'un coup de vent l'abattît

à la mer, à la plus grande joie des bonnes gens
de Rio.

Je renonçai, pour ma part, à l'ascension du
Pain de sucre, et je fis, en échange, celle du
Corcovado.

Ce pic surplombe de mille mètres environ Rio,
la baie et ses alentours, en même temps que la
pleine mer et les îles voisines. Désireux de contempler un lever de soleil sur ce vaste théâtre,
je partis en pleine nuit, choisissant, il est vrai,
une de ces nuits célèbres des tropiques où la
Croix du Sud et les plus riches constellations de
l'hémisphère austral se disputent l'éclat d'un ciel
resplendissant. Cette excursion demande d'abord
au moins deux heures de voiture, puis deux
heures encore, tant à mule qu'à pied ; on traverse
des sentiers tortueux, des lits de torrents, des
forêts presque vierges. Au haut du pic, un quart
d'heure avant l'aube, j'attendais, installé sur la
plate-forme qui n'a pas vingt mètres de côté.
Bientôt parut le jour : le coup d'œil était féerique, et l'impression dépassa de beaucoup mon
attente. Le soleil se leva tout à coup par-dessus
les montagnes, tour à tour les teignant de sang,
d'or et d'argent, puis il éclaira successivement,
là-bas, les grandes vagues de la mer ; ici, les flots

reposés de la baie, ses îles, ses forts et ses mille vaisseaux; bref, à mes pieds, la ville tout entière. Ah! ce sont là des scènes faites pour être senties bien plutôt que décrites!

Durant mon séjour à Rio, je fis aussi l'ascension d'un pic voisin que j'ai cité déjà, celui de la Tijuca. Cette ascension se fait ordinairement à cheval; mais si les impressions diffèrent quelque peu, les détails, du moins, se ressemblent, le tableau est le même; je ne m'y arrêterai donc pas.

Une excursion obligée est celle de Petropolis.

Petropolis est le plus couru, le plus justement célèbre des points renommés aux environs de Rio. C'est à cette petite ville, plantée sur des sommets de montagnes, à deux mille mètres au-dessus du niveau de la mer, que les habitants aisés de Rio viennent demander, l'été, un peu de fraîcheur et d'ombre; c'est là que se réfugie la cour, que se transportent la diplomatie, la politique et la finance, pour fuir un climat brûlant et les cruelles maladies qu'il engendre. Là, le thermomètre accuse une différence de 15° centigr.; là, les nuages couvrent souvent le ciel, souvent aussi la pluie vient rafraîchir la terre. C'est réellement la ville d'eaux du Brésil, et l'on y mène, pendant trois mois de l'année, une douce existence, variée de plaisirs calmes et de bonheurs champêtres.

A peine y voit-on quelques rues qui rappellent une ville : le reste n'est que chalets et villas. L'empereur y possède un superbe palais. Les mules y abondent; on sort beaucoup, on se rencontre partout, et c'est à qui organisera quelque joyeuse et nouvelle partie.

Petropolis est donc un endroit ravissant. Il est, à vol d'oiseau, tout voisin de Rio; mais quel voyage pour s'y rendre! Il faut d'abord, dans sa longueur, traverser la baie tout entière; puis un petit chemin de fer, qu'on a peine à prendre au sérieux, vous dépose au pied des montagnes; enfin la chaise de poste, attelée de quatre ou six mules, selon l'état actuel du chemin, vous cahote, pour monter près de trois heures durant. Toutefois, la route coupe en corniche et fort gracieusement le flanc de la montagne, et l'on jouit sur tout le parcours d'une vue ravissante qui ne fait qu'embellir à mesure qu'on s'élève.

Mais laissons les environs de la capitale du Brésil, et marchons vers l'intérieur.

Là, les voyages deviennent plus pénibles et bien autrement difficiles. Aussi n'y voit-on que ce qu'on peut, rarement ce qu'on veut.

IV

L'INTÉRIEUR ET LES PLANTATIONS DE CAFÉ

Richesses et produits de l'intérieur. — Le café. — Fazendas et fazenderos. — Plantation et récolte du café. — Séchage, triage, expédition du café. — Les esclaves. — Comment on les traitait jadis et comment on les traite aujourd'hui. — La danse nègre. — L'affranchissement au Brésil.

Les chemins de fer de l'empire sont, sans doute, en bonne voie d'extension, et l'empereur, tous les ans, inaugurant lui-même de nouvelles sections, encourage de son mieux ces utiles travaux; mais le réseau exploité est encore bien insuffisant. Bientôt, le voyageur n'a plus d'autre ressource que la mule, et ce moyen de transport est toujours peu commode; il est aussi fort dispendieux. Il faut, en effet, se pourvoir d'une ou deux mules pour soi, d'une autre pour son bagage, d'une encore pour son domestique, d'une surtout pour son guide. Cela fait, on le conçoit, tout un petit train de maison, toute une caravane; et dans un pays où, souvent avec raison, la confiance n'est pas tout à fait générale, ces animaux ne se louent pas, ils se vendent. Il faut donc les acheter, quitte à s'en défaire à n'importe quel prix au retour ou à destination. On doit compter aussi avec les incidents prévus et imprévus : une mule peut facilement vous échapper, devenir malade, boiteuse, que sais-je encore? Enfin, souvent un interprète est de toute rigueur, et ces messieurs se font assez largement rétribuer leurs services.

Dans un pays qui, comme le Brésil, ignore l'agriculture, et qui n'a que peu ou point d'industrie, en dehors des beautés de la nature et des mœurs indigènes, il n'y a de vraiment intéressant à étudier sur place que les produits particuliers du sol comme sont ici les métaux, les pierres précieuses, les bois, les cafés, les cannes à sucre, etc.

L'or, l'argent, le mercure, le cuivre, le plomb et le fer, le diamant surtout, mais aussi l'émeraude, le saphir, le rubis et la topaze, abondent dans le pays tout entier. La province de *Minas-*

Gerães (Mines générales) est d'une richesse minérale exceptionnelle et pleine d'avenir; mais jusqu'ici le manque de bras et le chiffre restreint de sa population ne lui permettent d'exploiter qu'une infime partie de ses ressources : triste chiffre, en effet, que celui de seize cent mille habitants sur vingt mille lieues carrées de territoire. Cependant, cette province de *Minas-Gerães* est la plus centrale comme la plus peuplée du Brésil.

L'exploitation de ces richesses, se faisant le plus souvent d'après des procédés connus et à l'européenne, n'a rien qui éveille particulièrement l'attention.

Il n'en est pas de même de la végétation, qui est extraordinaire et admirable au Brésil Les plantes les plus belles et les plus variées y croissent avec exubérance, et l'œil ne se lasse pas de les contempler. La flore brésilienne est peut-être la plus riche du globe, tant par l'abondance que par la variété des espèces : on en compte déjà au delà de dix-sept mille.

Quant aux bois, les forêts du Brésil renferment, pour la construction, la menuiserie et l'ébénisterie, les essences les plus précieuses qui se puissent trouver.

Mais la production de l'empire, de loin la plus remarquable, le fruit naturel qui fait à la fois sa richesse et sa réputation, c'est sans contredit le café. Je tiens d'autant plus à en dire quelques mots, que ce produit va nous mener en plein cœur du pays, au milieu des planteurs et au sein même de l'intéressante vie de *fazenda*.

L'intérieur du Brésil est essentiellement montagneux et boisé; le sol y est sec, argileux, ordinairement revêtu de tons rouges. Il était anciennement presque entièrement couvert de forêts vierges qu'ont, en partie du moins, remplacées de nos jours les immenses plantations de café dites *fazendas;* on désigne sous ce nom l'ensemble de la propriété du planteur, appelé lui-même *fazendero*.

La *fazenda* comprend en premier lieu l'habitation des maîtres et toutes ses dépendances; puis les séchoirs, les magasins et l'outillage affecté à la préparation du café; enfin, la plantation elle-même avec les forêts qu'elle comporte.

Pour faire une plantation de café, on sème d'abord une pépinière où les jeunes plants se développent durant une année. Ce temps écoulé, on les arrache avec précaution, pour les transplanter à l'endroit qu'ils doivent définitivement occuper. Cet endroit est toujours un carré de forêt auquel on a mis le feu, moyen primitif, mais pratique et avantageux à la fois; car, laissées sur place, les cendres mêmes font l'office d'engrais et servent à féconder le terrain. A trois ans, le nouveau caféier commence à donner quelques fruits; passé cet âge, il est en plein rapport. Il fournit même quelquefois deux récoltes par an, et cela durant trente ans, mais alors l'arbuste et le sol paraissent également épuisés. Quoiqu'on puisse en fort peu d'années, au moyen des engrais, rendre à la terre sa fécondité première, on aime généralement mieux abandonner la plantation pour en refaire une toute nouvelle sur un autre carré de forêt.

C'est un étrange coup d'œil que celui de ces montagnes couvertes de caféiers soigneusement alignés. Ces arbustes, taillés en ballon, dépassent rarement la hauteur d'homme; ils portent un feuillage luisant et d'un vert foncé; leurs fruits sont nombreux, poussent sur la tige même des branches, et ressemblent à de petites cerises qui, de vertes, deviennent successivement rouges et enfin noires, à l'époque de la maturité. Chacun de ces fruits contient, juxtaposés dans une même enveloppe, deux de ces grains de café que nous connaissons tous. Le travail du planteur consiste à récolter ce fruit, à le sécher, le séparer de son enveloppe, et le trier enfin pour en déterminer la qualité.

Je ne connais pas de plus intéressant spectacle, dans une *fazenda,* que celui de la récolte ou cueillette du café. Les nègres, hommes et femmes, sont disséminés çà et là dans la plantation, portant des hottes, ou, attachées à leurs habillements, des corbeilles faites de roseaux et de bambous. C'est là dedans que, riant et chantant, ils ramassent le café, tandis que leurs enfants, ravissants négrillons, réunissent en tas les grains qu'ils trouvent à terre. Aussitôt qu'une corbeille, qu'une hotte est remplie, elle doit être présentée à l'*administrador* (intendant), qui en échange donne un jeton de métal indiquant la valeur du travail. Tout esclave, en effet, est taxé et doit un certain travail; le reste lui est compté en argent; c'est ainsi qu'il peut, s'il est vaillant, s'amasser un pécule qui doit sinon le racheter à la longue, du moins lui adoucir un peu son rude état de servage.

Quand le café ainsi récolté n'est pas laissé sur place ou déposé dans des séchoirs voisins, il est chargé sur d'étranges charrettes, immenses paniers de jonc tressé reposant sur une paire de roues pleines et un essieu de bois qu'on ne graisse jamais. De là cette musique infernale, quoique poétiquement sauvage, qu'on entend le soir, quand, dociles et majestueux, six ou huit bœufs de race romaine ramènent par monts et par vaux ces chars remplis aux bâtiments de la *fazenda*.

Le café est d'abord déposé en petits tas sur un certain nombre de séchoirs en bitume, puis étendu en couches minces et ainsi exposé quelques jours au soleil; il est ensuite mouillé, puis remis au séchoir, ce qui fait éclater son écorce; enfin, on le passe aux machines et aux vans, qui l'en dépouillent complétement. Les vieilles négresses se livrent tout le jour à l'ingrat et pénible travail de trier à la main tous les grains, qu'elles répartissent, suivant leur qualité, en diverses catégories. Ainsi trié, le café est pesé, étiqueté, mis en sacs; ces sacs, de forte toile anglaise, sont renfermés dans d'autres sacs de cuir destinés à les préserver de toute humidité. On charge le tout sur une trentaine de mules, portant chacune un poids de quatre *arobas* (cent vingt kilos environ), et la *troka* (convoi de mules) part, sous bonne escorte, pour le lieu d'expédition le plus proche. Ces transports, qui se renouvellent fréquemment et sont souvent fort longs, sont quelquefois aussi des plus pénibles, car les routes sont rares et les chemins existants semés de mille obstacles. De bonnes voies de communication sont nécessaires au Brésil : or, il me semble que là où les produits de l'intérieur ont une telle valeur, de bons chemins seraient vite payés. C'est jusqu'ici l'industrie privée du *fazendero* qui, pour ses propres besoins, en établit quelques-uns ; mais ils sont loin de répondre à l'intérêt général.

C'est tout naturellement de l'importance de la plantation que dépend le nombre des esclaves qui concourent à son exploitation. Il y en a de deux mille : j'en ai vu de cinq cents : elles sont généralement de deux cents, en moyenne. Les nègres y semblent relativement heureux et ne paraissent pas avoir grandement conscience de leur état d'esclaves. Il est vrai qu'aujourd'hui ils ont beaucoup gagné sous le rapport du traitement. Ils ont retiré le plus grand avantage de la loi du 28 septembre 1871, qui rend libre toute la génération à naître : leurs maîtres, ayant tout intérêt à s'attacher cette jeunesse sur laquelle ils n'ont plus de droits, les traitent avec plus d'humanité qu'autrefois. Aussi je les ai vus relativement bien logés, bien nourris; on leur donne même parfois en propriété des terrains qu'ils exploitent dans leurs moments perdus, et du profit desquels ils disposent librement. Le travail n'est plus forcé que pendant le jour; les soirées sont consacrées au repos, aux plaisirs ou à des exercices religieux; ils sont instruits dans la religion catholique, qu'ils pratiquent autant qu'ils peuvent la comprendre; et le chapelain de la *fazenda* doit les catéchiser, les baptiser, les marier. Il est touchant de les voir, ces bons nègres, vous saluer, s'ils vous rencontrent, en vous demandant de les bénir, ce que vous ne pouvez leur refuser. On leur apprend aussi des cantiques pieux, qu'ils chantent parfois avec un ensemble plein d'entrain.

Jadis ils étaient traités à l'égal de meubles, d'animaux; on ne s'occupait que de les faire durement travailler, et l'on abusait sans pitié de ce travail forcé. Debout, au milieu d'eux, un fouet à la main, le *feitor* (surveillant) aux traits barbares, à la face contractée, roulait des yeux sévères et rudoyait d'instinct. Un ordre mal compris ou mal exécuté, un rien le mettait en fureur;

frapper le soulageait, et il semblait y prendre plaisir. Avec ses bottes jaunes sur la culotte blanche, son grand chapeau de paille, sa vareuse nouée d'une ceinture de cuir, ses éperons résonnants et son arme cruelle, il paraissait, et à bon droit, le mauvais génie des nègres; et tous, sans exception, lui vouaient une haine implacable qu'ils n'ont souvent que trop manifestée. J'ai vu de mes yeux, dans de vieilles *fazendas,* les cachots, les instruments de torture qui leur étaient réservés. J'ai vu aussi ces chiens sauvages, horribles bêtes à l'œil injecté de sang, qui, lancés sur la piste de l'esclave fugitif, suivaient des jours entiers cette trace humaine, et, mort ou vif, faisaient ressaisir le fuyard.

Le type du *feitor,* nécessaire du reste, a seul été conservé ; mais ses rapports avec l'esclave ont heureusement changé, et il est rare qu'il use encore de son fouet, qu'il porte cependant toujours à la ceinture.

La troupe nègre est menée militairement : soir et matin, on fait l'appel, et c'est en rang qu'ils se rendent à leurs divers travaux. A certaines heures, tous passent devant des dames-jeannes, et on leur distribue l'*acachas,* forte eau-de-vie du pays faite d'écorces d'orange. Ils sont admis à soumettre toutes leurs réclamations à l'intendant ou au maître, et l'on profite des moindres occasions pour leur permettre de se livrer à la danse, leur plaisir favori. Il est intéressant alors de les voir, groupés en cercle sous les hangars ou sur le bitume des séchoirs, se livrer, chacun à son tour, aux bonds les plus grotesques, et cela, toujours sur le même motif, au seul son de tambours faits de peaux collées sur des troncs creux, avec l'accompagnement de la galerie, qui chante faux et bat des mains plus ou moins en cadence.

Je viens de citer la loi de 1871 ; c'est elle encore qui proscrit la vente publique des esclaves et les hideux marchés qu'elle nécessitait autrefois ; cependant, comme les nègres nés avant cette loi ne profitent pas de l'affranchissement qu'elle accorde à leurs jeunes enfants, et qu'ils gardent leur valeur vénale, conséquence même de leur fatale condition, on n'a pu interdire d'en faire des transactions de la main à la main. Or, l'esclave, selon ses forces, son âge, son sexe, ses capacités, vaut, au Brésil, de cinq cents à trois mille francs ; quelquefois même la valeur d'un esclave est de cinq mille francs.

L'esclavage, on le voit, doit, toujours en vertu

de cette heureuse loi, s'éteindre dans le pays, de lui-même et sans secousse, quand la génération antérieure à l'année 1871 aura complétement fait place à la suivante. La question est maintenant de savoir si le planteur éprouvera une perte bien grande lorsque, au lieu de jouir de l'intérêt, pour ainsi dire, de son capital nègre, il devra, comme nous, salarier le travail. Cette question vitale s'il en fut au Brésil, et dont à première vue on saisit l'importance, je l'ai entendu, comme bien on pense, discuter là-bas en tous sens. Eh bien, tout compte fait, il paraîtrait que le maître consciencieux et chrétiennement soigneux de ses esclaves ne dépensera pas plus à les avoir à gages qu'à pourvoir, comme il le doit faire aujourd'hui, à leurs moindres besoins, à leurs plus petites nécessités. Y aurait-il d'ailleurs à subir une perte qui ne pourrait qu'être légère, pourquoi les *fazenderos* ne concourraient-ils pas de grand cœur à un aussi noble et aussi grand résultat que celui de la complète abolition de l'esclavage? Déjà ils ont prouvé, du reste, qu'ils y étaient depuis longtemps disposés : dans ces derniers temps, tous ou presque tous ont fait des sacrifices personnels en vue d'étendre l'affranchissement, ne faisant en cela que suivre de bien nobles exemples ; car l'empereur, d'un seul coup, avait fait libres tous ses esclaves, et l'État l'avait imité quant aux siens. De tout temps le chef de l'État a poursuivi de ses efforts cette belle idée de l'affranchissement, qu'il eût voulu complet, instantané, si la chose eût été possible. Nous venons de voir comment il l'avait généreusement réalisée pour sa part. Or, maintenant encore, tout acte d'initiative privée qui, même partiellement, concourt à la réalisation de ses rêves en ce sens, lui cause une joie indicible. Son peuple le sait, et ce n'est pas une des moindres raisons qui l'en font adorer. Ils le savent aussi, ces pauvres nègres qu'on voit si souvent le bénir, se jetant à genoux sur son passage. Et moi-même, qui eus, mieux que tant d'autres, les moyens de m'en convaincre, je ne puis résister au plaisir d'en citer un dernier trait. L'empereur, dernièrement, allait inaugurer dans le nord une nouvelle ligne de chemin de fer. En route, il fut reçu dans une grande *fazenda* par une dame de ma connaissance qui se montrait justement fière d'un nègre charpentier, lui ayant coûté, disait-elle, un prix exagéré. Or, pour fêter Sa Majesté, elle lui annonce, à dîner, qu'elle veut en son honneur affranchir cet esclave. Vivement touché, l'empereur répond que rien au monde ne peut lui plaire davantage, et, signant l'acte lui-même, il le remet en personne au noir interdit et confondu, auquel ensuite il tend familièrement la main.

V

LA VIE DE FAZENDA

Habitation du *fazendero*. — Hospitalité, simplicité du planteur. — Une chasse aux canards dans les cannes. — Du gibier en général et de la chasse au Brésil. — Les serpents. — La forêt vierge : ses merveilles et ses inconvénients. — Perdu dans la forêt. — Conclusion.

De l'esclave passons au maître. Les planteurs ont une existence toute spéciale et mènent chez eux une vie patriarcale. En général, ils sont de mœurs simples, j'allais dire vulgaires ; et cependant ils se font des loisirs et paraissent éprouver des jouissances ignorées du reste des humains. Toutefois, chez eux le luxe ne compte pour rien, et le confort pour peu de chose. Il y a sans doute (et j'en connais) des *fazendas* qui, à cent lieues de Rio, sont éclairées au gaz et le produisent par conséquent elles-mêmes ; il en est que des tramways privés sillonnent dans toute leur étendue ; il y a des *fazenderos* qui se donnent le luxe de détourner une rivière ou chez qui tous les chemins sont macadamisés ; mais ce sont là des exceptions. Généralement, si l'on fait abstraction des soins jaloux qu'il donne à son jardin, des fleurs et des fruits dont il entoure sa demeure, le planteur ne fait aucun frais pour embellir le lieu de sa résidence. L'habitation est vaste et bien tenue, mais veuve de tout ornement d'architecture ou de décoration. A l'intérieur, des meubles de bois naturel, des fauteuils à bascule, un hamac, quelquefois un piano. Et cependant, à voir l'air de bonheur, l'air d'aisance qui se peint sur les visages et se traduit dans les allures de tous les hôtes de la maison, on croirait pénétrer dans un lieu enchanté ou franchir le seuil d'un palais. Or, bientôt on s'explique cette félicité vraie : la bonne vie de famille, une douce quiétude, la libre jouissance d'une fortune à l'abri de toute secousse, l'éloignement des bruits malsains du monde, la facilité même de l'accomplissement des devoirs entraînent d'eux-mêmes, mieux encore que la royauté du sol et la propriété des hommes et des choses, cet heureux résultat.

Comment le caractère ne se ressentirait-il pas de tant de solides influences? On n'a, pour les subir à son tour, qu'à partager quelques jours la vie des *fazenderos,* et ces braves gens ne demandent pas mieux. Arrivez-leur un beau matin de n'importe quelle contrée du monde, porteur d'un simple mot d'introduction : on ne vous demandera ni dans quel but vous venez, ni combien de temps durera votre séjour ; on ne vous pressera pas de questions fatigantes; on n'exigera pas une entrée en matière; on ne vous sondera pas plus à l'endroit de votre état qu'à celui de vos opinions; en revanche, on vous souhaitera la bienvenue, on s'empressera autour de vous; le chef de la famille vous offrira sur place un siége et le café; d'un mot, il vous initiera aux habitudes de la maison; bref, en termes à la fois sincères et flatteurs, il vous rappellera qu'après avoir franchi le seuil de sa demeure, vous faites partie des siens et disposez de son bien. Puis, joignant le fait à la parole, il ordonnera à l'*administrador* de mettre à vos ordres des esclaves et des mules. Mais ce n'est pas tout : vous répondrez, je suppose, aux avances qui vous sont faites, vous protestez, comme de raison, de vos sentiments reconnaissants : du coup, la glace est rompue : on vous questionne sur vos goûts ; on s'informe de vos préférences ; on s'ingénie à aller au-devant de vos désirs. Au bout de deux jours, vous vous trouvez établi sur le pied de vos hôtes, et l'on ne s'inquiète plus de vous que pour s'informer si rien ne vous manque, si vous êtes satisfait, si l'on ne peut, à votre intention, inventer quelque plaisir nouveau. Je le demande, peut-on rêver meilleur accueil, et n'avais-je pas raison de dire que c'est à l'intérieur qu'il faut aller juger de l'hospitalité brésilienne ?

Voici maintenant quelle est à peu près la vie à la *fazenda* : comme on ne veille pas tard, on se lève de fort bonne heure, et chacun se livre le matin à ses travaux préférés. Un repas copieux d'aliments variés réunit la famille vers dix ou onze heures ; on reste longtemps à table à deviser et rire ; puis, mollement étendu dans le hamac qu'un négrillon balance ou dans la chambre obscure qu'on a humectée de parfum, chacun laisse écouler les heures chaudes du jour dans l'abandon d'une longue sieste. Puis on monte ses mules, et l'on part pour la promenade ou pour la chasse ; on visite la forêt, on inspecte les travaux ; enfin, on dîne à six ou sept heures, et l'on va prendre, au dehors ou sous la véranda, les savoureux fruits du pays et le café indigène, que rien ne saurait remplacer. Il est à remarquer que sous ces climats tropicaux, le café, pas plus que le thé vert, ne produit sur les nerfs aucun effet sensible; ces boissons semblent plutôt nécessaires, et se consomment impunément et même agréablement en grande quantité, à toute heure du jour.

Un autre caractère du sans façon des planteurs, c'est la simplicité extrême, peut-être même exagérée, de leur mise. Il est vrai que chez eux tout conspire contre la conservation des vêtements; et puis la grande chaleur n'en permet que de légers : le tailleur est loin, et le *fazendero*, qui semble rivé à ses terres, ne se rend en ville que pour y négocier les plus graves affaires. Mais à le voir sous son grand panama, en pantalon de toile et en veston fripé, nonchalamment assis sur sa mule paisible, on le prendrait pour un bon villageois, si la richesse du harnachement de sa bête, si sa cravache et ses éperons d'argent ne venaient révéler une origine plus noble ou une plus grande aisance.

Malgré cette vulgarité, et en dépit de dehors aussi simples, le planteur a presque toujours les idées larges et grandes; il aime à agir en seigneur. Un jour, je me trouvais l'hôte d'une *fazenda* qui exploitait autant la canne à sucre que le café... Si je n'ai pas encore parlé de la canne à sucre, c'est que je suppose suffisammeut connus ces vastes champs plantés de grandes tiges, qui rappellent à la fois le maïs et le jonc, quoique les dépassant ordinairement de taille. Ce n'est, du reste, qu'un produit assez secondaire au Brésil, où la fabrication du sucre se réduit à peu près au pressage de la canne. Cette opération n'offre aucun intérêt et se fait au moyen d'une meule assez grossière que met en mouvement soit une mule, soit un ruisseau. Le sucre ainsi produit est riche, assurément, et agréable au goût; mais rien n'est suave et délicieux, à mon avis, comme la canne cueillie, fendue et savourée sur place. Mais je reprends... Je faisais donc un court séjour dans une plantation de sucre et de café; la chasse surtout absorbait la plus grande partie de mon temps; j'avais découvert deux beaux lacs, séparés par une petite colline toute hérissée de cannes, pleins d'herbes et de joncs que fréquentaient alors de grands vols de canards. Chaque jour j'en tirais quelques-uns; mais ce n'était qu'au prix de très-fortes fatigues; car il me fallait les poursuivre sur un terrain marécageux et malsain, et, au premier coup de feu, tous s'envolaient, passant d'un lac à l'autre. Or, un matin, une heure avant le jour, me voilà subitement éveillé par mon hôte, qui me dit d'un air de mystère : « Levez-vous; nous allons chasser les canards. » Je le suis : dans la cour, nos mules étaient sellées, et sous la véranda un nègre à l'éternel sourire tenait sur un plateau d'argent les primeurs d'un café brûlant. Nous partons : lorsque le jour parut, je me trouvai posté au sommet de la colline, attendant, caché dans les cannes. Un coup de sifflet retentit : bientôt passe au-dessus de moi la bande des canards. Je fais feu : j'en abats; et l'excellent planteur, qui paraît enchanté, vient à moi et me dit : « C'est bien, ne bougez pas; seulement, retournez-vous. » Alors, nouveau coup de sifflet, presque aussitôt suivi d'un nouveau passage de la bande. Le maître avait de bonne heure envoyé ses esclaves à chacun des deux lacs, et cinquante d'entre eux, postés aux alentours, devaient, au coup de sifflet, provoquer le départ des canards. Je pris un vif plaisir aux quelques heures que dura ce royal passe-temps, puis, chargé de butin, nous rentrâmes gaiement.

Au Brésil, le gibier est sans doute abondant;

mais le trouver n'est pas facile : d'immenses et impénétrables forêts lui donnent sur le chasseur un avantage marqué. Je viens de parler de la chasse aux oiseaux (et rien qu'en perroquets, perruches et toucans, on peut faire nombre de victimes); de même on chasse aux chiens courants la *paca :* ce singulier animal est le lièvre du pays; mais, s'il rappelle ce gibier par la taille, le poil et le goût, il en diffère par les mœurs : parfois il se défend; ou bien, serré de près, il gagne le bord de l'eau, et là plonge ou se terre. On poursuit de la même manière le sanglier, le peccari. Citons enfin le fameux tapir, que l'on rencontre rarement, et l'once ou tigre du Brésil. Combien de fois ai-je vainement couru à leur poursuite ! En revanche, j'eus plus de succès dans des chasses d'un genre différent, celle des chiens sauvages, animaux plus affreux, je crois, que dangereux, et celle aussi des singes. Un jour, j'en tuai un de la taille d'un enfant : sa chair nous fit, le soir, un rôti que j'avoue avoir trouvé peu délicat.

Une autre fois, durant un tour de chasse en forêt vierge, j'abattis un gros serpent boa de trois mètres de long, dont j'avais eu l'effroi de faire la rencontre, et qui, se dressant devant moi sur un sentier, paraissait décidé à m'y barrer le passage.

Je chassais aux perruches et n'étais malheureusement armé qu'à petits plombs. Mais quelques mètres seulement me séparaient de mon redoutable adversaire; rappelant alors tout mon sang-froid, je le visai à la tête, sa partie sensible : il tomba.

Ne serait-ce pas ici le moment de faire sur les serpents une petite digression, puisque le Brésil est, à très-juste titre, réputé leur patrie? Pauvre pays, qu'on ne se figure de loin que tapissé de singes et pavé de reptiles! Moi-même, en débarquant, je m'étonnais, j'en conviens, de ne pas rencontrer partout des quadrumanes, et de ne pas écraser des serpents à chaque pas. Par bonheur, ils se tiennent chez eux; et si le nombre de ces derniers surtout est considérable au Brésil, je dois dire toutefois qu'ils ont pour eux assez d'herbes et de forêts, et qu'il faut le plus souvent les chercher pour les voir. Sans doute, quelques-uns sont des plus dangereux : ils ne sont pas serpents à se laisser marcher sur la queue; mais il est rare que d'eux-mêmes ils attaquent. Il est à remarquer que les plus petits sont d'ordinaire les plus à redouter : tel est le petit *coral* (corail), sorte d'aspic d'un pied de long, qui tire son nom de ses vives couleurs. Sa blessure est mortelle, et le patient n'en souffre jamais plus d'une heure; mais des bottes suffisent pour en préserver le pied; et il ne peut monter plus haut, étant trop court pour s'enrouler autour de la jambe. Les nègres, qui travaillent généralement nu-pieds, s'inquiètent assez peu, du reste, de la morsure des serpents, à laquelle ils paraissent moins exposés que nous, soit qu'un œil exercé les leur fasse plus vite apercevoir et éviter, soit que leur chair et leur sang noirs tentent moins ces reptiles. D'ailleurs, si le serpent les pique, ils prennent un bout de racine qu'ils portent toujours sur eux, s'en frictionnent la plaie et poursuivent leur travail. Cette infaillible panacée mérite le plus grand intérêt, tant par ses résultats que par l'étrange façon dont elle fut découverte.

C'est un vieux nègre observateur qui le premier en dota ses nombreux compagnons. Voici comment : il assistait souvent aux fréquentes escarmouches du *lagarto* avec les serpents. Le *lagarto*, grand lézard vert d'un mètre de long sur plus d'un pied de large, est l'ennemi déclaré du serpent, si l'on en juge à la façon dont il le recherche et l'attaque en toute rencontre. De sa puissante queue, il frappe des coups terribles sur les vertèbres du serpent ; celui-ci, attaqué, se défend, pique et mord. Mais aussitôt piqué par le serpent, le *lagarto* s'enfuit : il court au bois, puis revient reprendre le combat. Or, notre nègre, un jour l'ayant suivi, constata qu'il se frottait vivement à certaine plante de la forêt. Ce fut une révélation : il emporta la plante, dont on essaya tour à tour la feuille, puis la racine, et le succès dépassa toute attente.

Tout n'est pas fleurs au Brésil, et la forêt vierge, on le voit, présente ses côtés dangereux : j'en citerai une nouvelle preuve tirée de mon expérience personnelle; mais à la voir, à pénétrer dans ses fourrés, à en admirer les détails, on reste étourdi, confondu. Cet ensemble imposant, ce temple du silence, ces arbres séculaires, géants du nouveau monde, ce fouillis de végétation, ces lianes excentriques, ces parasites étonnants et ces fleurs merveilleuses, tout enfin vous émeut à un tel point que l'athée le plus endurci y sentirait le Dieu créateur, et que l'esprit le plus banal y deviendrait poëte en une heure. Électrisé, quant à moi, à la vue seule de la forêt vierge, depuis longtemps l'objet de tous mes rêves, presque chaque jour je m'y rendais, de l'une ou l'autre *fazenda*. La chasse était à la fois mon but et mon prétexte; mais, en réalité, je sentais comme un aimant qui m'attirait vers la forêt. Plus je la voyais, plus je l'aimais, et mon plus grand bonheur était de m'y rendre seul. Je m'étais fait un besoin de ces courses solitaires : et le plus souvent plongé dans un monde d'idées toutes nouvelles pour moi, je marchais à l'aventure. Un jour je me perdis. Ce fut pour moi la source des émotions les plus vives. Cependant, cette tragique aventure, loin de refroidir mon ardeur, ne fit que l'exciter au contraire. Écoutez mon histoire.

Tuer un singe n'est pas chose déjà si commune, et pour en négliger l'occasion il faut ne pas être chasseur. Moi qui le suis à l'excès, j'avais juré la mort du premier représentant de cette intéressante famille qu'il me serait donné de rencontrer ; et bien souvent, seul et sans bruit, j'arpentais, à sa recherche, les rares sentiers de la belle forêt. Mais ces animaux, non moins rusés que défiants, se pelotonnent au moindre bruit sur la cime des plus hauts arbres, et, muets, vous laissent passer à côté d'eux. Toutefois, si le temps est à l'orage ou qu'un rare concours de circonstances les mette dans cette disposition d'esprit, ils poussent en chœur des grognements sauvages et stridents qui font trembler les échos de la forêt et révèlent aisément le lieu de leur retraite. Ceux-là sont les grands singes *hurleurs* et barbus; j'eus le plaisir d'en abattre un.

Un jour donc, guidé par ces cris répétés, j'abandonnai à fois le chemin frayé et les règles d'une sage prudence. Dans ma fougue, je me dirige, à travers mille obstacles, vers l'endroit écarté où semblaient m'appeler ces messieurs. Mais, à mesure que j'avançais, les cris paraissaient s'éloigner : les singes m'avaient sans doute éventé et fuyaient devant moi. Cependant je m'obstine à leur poursuite, et, brisant tout sur mon passage, je me fraye péniblement un chemin à travers les ronces, les lianes, les fougères et les bambous. Je marche ainsi longtemps, contournant des rochers, escaladant de vieux troncs renversés, descendant des pentes rapides, remontant des côtes escarpées. Parfois je m'arrête et j'écoute : évidemment, je gagne du terrain ; la bande n'est plus qu'à deux cents pas de moi. Mais tout à coup... plus rien : un silence absolu succède à tant de vacarme, et j'ai beau, cette fois, chercher des yeux, écouter, me cacher, m'immobiliser, les singes se sont évanouis, ou du moins ils ont pris le grand parti de se taire.

Alors seulement je songe à regagner le sentier et veux reprendre ma trace; mais je la perds tous les dix pas, pour la retrouver dix pas plus loin et la perdre enfin sans retour. Cependant le soleil baissait à l'horizon, la nuit venait, et je m'apercevais enfin que j'étais bel et bien perdu au cœur même de la forêt. Que faire pour en sortir? Je fis les plus grands efforts, mais ils n'eurent pour résultat que de m'égarer davantage. Enfin, la nuit venue, je dus, bien malgré moi, prendre mon parti de l'aventure, et, choisissant une place que je commençai par déblayer tout d'abord, je m'enveloppai de mon mieux avant de me coucher sur un sol toujours humide. Là, j'eus pendant de longues heures le loisir de me livrer aux plus amères réflexions. La forêt était grande, car il fallait plus d'un jour pour la traverser. Sans doute je savais que le soir même les deux cents nègres de la plantation seraient envoyés à ma recherche, et, quant aux animaux, je n'avais sérieusement à redouter que les serpents, qui se dérangent peu la nuit, et les onces (tigres du Brésil), rares dans cette localité. Mais me trouverait-on? Et comment? Je n'avais ni bu ni mangé depuis huit heures du matin, et, pour comble d'ennui, ma provision de tabac s'en allait à néant : or, en fumant, je trompais la faim et j'éloignais les cruels moustiques qui, s'acharnant sur moi, me tourmentaient sans pitié. Et puis, quelle inquiétude n'aillais-je pas causer aux hôtes de la *fazenda!* Quel trouble, dans une maison si calme d'ordinaire! Quelle frayeur, quelle agitation, quand, sorti depuis le matin, je n'aurais pas reparu à la table du soir!

Dans cette pénible situation d'esprit, je compris que je n'avais qu'un moyen de salut, et j'en usai bientôt. Crier épuise en vain; car si la voix porte loin la nuit, dans les forêts, elle a cependant partout des limites restreintes. Vingt cartouches environ me restaient; et m'en réservant deux pour abattre au besoin, le lendemain matin, quelque oiseau dont je n'eusse certes fait qu'une bouchée, je commençai à tirer toutes les autres. Chaque demi-heure donc, je lâchais un coup de feu, auquel répondaient seuls, hélas! les échos sonores de la forêt, quoique chaque fois cependant un étrange tumulte se fit autour de moi. Troublés dans leur repos, de grands oiseaux quittaient avec fracas la branche de l'arbre voisin dont ils avaient fait choix; des animaux, que je croyais reconnaître pour des sangliers (peccaris), se sauvaient vivement et en troupes serrées; des cris épars et répétés semblaient ceux de bêtes fauves se consultant, se répondant... puis, tout rentrait dans le silence. Enfin, vers minuit, un nouvel appel eut plus de succès que les précédents : un coup de fusil me parut y répondre, mais si faible, si vague et si lointain, qu'à peine alors osais-je y croire. Je me hâtai de tirer encore, et quelques instants après je reçus une nouvelle réponse. Alors, je l'avoue, le cœur me battit vivement : j'étais sauvé! Deux fois, à un quart d'heure d'intervalle, je renouvelai le signal, auquel on répondit toujours de plus près; enfin, nous parvînmes, mes sauveurs et moi, à nous mettre en communication de cris et de paroles, et bientôt le bruit de nombreux coups de hache et le scintillement de torches encore lointaines m'avertirent qu'on taillait, à ma rencontre, une *picada* (chemin) dans le bois. Mais la besogne avançait lentement, et ce ne fut qu'au bout d'une heure d'un travail opiniâtre que je vis enfin paraître devant moi deux nègres armés de haches et de faux, deux autres, porteurs de torches, et un cinquième, conducteur des travaux ; celui-ci avait un fusil, et c'est lui qui m'avait entendu et répondu. De semblables escouades avaient été, de la *fazenda,* envoyées dans toutes les directions pour cerner la forêt, qui couvre réellement une immense surface de terrain. Ce n'est qu'en reprenant avec mes braves nègres le chemin qu'ils venaient d'ouvrir et qu'ils éclairaient devant moi que j'ai pu me rendre compte de la profondeur à laquelle je me trouvais enfoncé. Nous mîmes près d'une heure à rejoindre le vrai sentier, et j'appris, au retour, que cet endroit, le plus fourré, le plus inextricable et le plus raviné de la forêt, n'avait été, depuis nombre d'années, visité par personne. Sans doute était-ce aussi la raison pour laquelle ces maudits singes s'y trouvaient cantonnés. Nous fîmes joyeuse vie quand, au milieu de la nuit, nous nous retrouvâmes à la *fazenda*. Ce fut une fête pour les bons planteurs et pour moi; et les nègres, qui l'avaient certes bien gagné, en eurent aussi leur part...

Voilà le Brésil tel qu'il m'est apparu durant le long séjour que j'eus la bonne fortune d'y faire. Pays peu curieux dans ses villes, mais étrange dans ses mœurs et merveilleux dans sa nature, il marche d'un pas rapide à un état de civilisation plus avancé que ne paraissent le comporter, à première vue, sa situation géographique et sa population clair-semée.

Empire d'une immense étendue, et de loin le plus vaste du monde, il est riche et fertile à l'excès; et tandis que son sol nourrit de superbes forêts et engendre des produits d'une incontestable valeur, les pierres précieuses les plus rares, les métaux les plus estimés sont renfermés dans ses entrailles.

Régi par des lois constitutionnelles, il a le bonheur d'avoir pour chef un souverain droit et ferme autant que modéré, d'une intelligence d'élite, qui a le culte de ses plus minimes intérêts et qui possède mieux que tout autre le secret de les faire valoir.

Loin de se laisser entraîner par le fatal exemple que, dans leurs perpétuelles secousses, lui donnent tour à tour les républiques voisines, le Brésil comprend sagement que la révolution, c'est la ruine, que la paix; au contraire, c'est la lumière, le salut.

Si la colonisation n'a pas encore réussi au gré de ses espérances, c'est que peut-être elle n'a pas été jusqu'ici suffisamment bien organisée ou comprise. Il y aurait plus de profit, je pense, à créer des voies de communication, ouvrant le marché de Rio aux produits de l'intérieur, qu'à assurer au colon lui-même des avantages pécuniaires et à lui donner, même gratuitement, des terres que sa qualité d'étranger et son isolement l'empêchent de faire valoir.

Le climat du Brésil n'est réellement pénible à supporter que pendant les deux mois de l'été, décembre et janvier, qui correspondent à nos mois de juin et de juillet; encore le thermomètre a-t-il toujours pour limite extrême 36° cent.; et cette terrible fièvre jaune, dont le nom seul, avec raison, fait trembler, ne règne que sur la côte et n'a jamais envahi l'intérieur.

Tout compte fait, ce pays est digne du plus grand intérêt et mérite d'être connu, étudié, parcouru tout autant désormais qu'il le fut peu jusqu'à ce jour. Et l'avenir qui l'attend est immense : car ses vastes ressources et sa vitalité profonde ne manqueront pas d'attirer sur lui, tôt ou tard, les regards aujourd'hui trop distraits du monde civilisé.

L'URUGUAY

VI

MONTEVIDEO

Adieux au Brésil : traversée. — L'Uruguay, ses bornes, ses noms divers. — Montevideo. — Aspect général. — La ville, le port. — Le *Pampeiro*. — Origine du nom de Montevideo. — Habitants et types divers. — Étude de mœurs sur les deux sexes.

En m'embarquant pour continuer à réaliser dans le Sud mes rêves d'excursionniste, en m'éloignant peut-être pour jamais de cette terre du Brésil, si féconde en merveilles, si riche en souvenirs, si profondément attachante, j'eus peine à me défendre d'un sentiment de réelle tristesse, et tout l'attrait d'un voyage nouveau ne put endormir mes regrets.

Sans doute je savais combien allait s'étendre et s'enrichir pour moi le champ de l'observation. Une langue inconnue, une nouvelle race d'hommes; un climat moins torride, un sol tout différent; et, par là même, des visages, des mœurs et des institutions qu'il ne m'avait encore été donné d'étudier dans aucun de mes précédents voyages : voilà ce qui m'attendait, ce qui m'attirait surtout vers les républiques Orientale et Argentine.

Mais le Brésil au sol riche et fécond, à la nature de feu, mère patrie des vertes montagnes et des mystérieuses forêts, terre promise des fleurs, paradis des oiseaux, m'avait à ce point captivé, que j'éprouvais déjà comme un pressentiment du vide qui tout d'abord devait peser sur moi dans les prairies sans fin, dans les tristes déserts du *Campo* et de la *Pampa*.

Je m'étais promis de visiter tout d'abord la république Orientale de l'Uruguay, et je pris, à cet effet, un des steamers de la « Belgian Royal Mail », service postal belge aujourd'hui malheureusement supprimé, et qui devait en six jours atteindre Montevideo.

C'est, comme on sait, la capitale de cette petite république dont les côtes, à l'est, s'appuient sur l'Atlantique, et au sud, sur le Rio de la Plata, petit bras de mer formé par la réunion, à leur embouchure, de deux immenses fleuves, le Parana et l'Uruguay, dont les eaux tranchent longtemps par leurs teintes boueuses sur les flots bleus de l'Océan.

Borné au nord par le Brésil et à l'ouest par la république Argentine, ce petit pays, trop peu connu de l'Europe, porte des noms divers et s'appelle indistinctement : Bande Orientale, République Cisplatine ou République Orientale de l'Uruguay.

Quant à sa capitale, bâtie en promontoire, sur trois faces à la mer, c'est une jolie ville d'environ deux cent cinquante mille âmes, moins importante sans doute que Rio, mais bien plus largement installée et construite. Rues spacieuses et mieux pavées, maisons à étage mieux comprises et bien aérées, monuments et promenades soigneusement entretenus, série de jolies villas servant de prolongement à ses grandes artères, station de bains, luxe de toilettes et d'équipages, types charmants... tout concourt à faire de Montevideo un séjour agréable et riant. On y respire la gaieté, et l'on dirait un endroit tout de plaisir : c'est cependant une cité commerçante, qui fournit à l'exportation de nombreux et riches produits, tels que cuirs, cornes, crins, viandes salées, suifs, laines, tabacs et plumes d'autruche.

En revanche, elle manque à son tour presque totalement d'industrie, et c'est d'Europe que lui arrivent, comme à Rio, les objets manufacturés. Tout y est cependant relativement à meilleur marché qu'au Brésil, où les frais de douane atteignent généralement le chiffre fabuleux de 40 pour 100; et la vie matérielle, animale, n'y a guère de valeur, en raison des innombrables troupeaux qu'entretiennent et nourrissent les vastes plaines connues sous le nom de *Campo*.

C'est la richesse du pays, sa principale exploitation; et bientôt, en parlant de l'intérieur, j'aurai sujet d'y revenir longuement.

Mais faisons d'abord plus ample connaissance avec la ville et avec sa population espagnole; voyons si les mœurs, us et coutumes de ce peuple lointain n'ont rien de curieux à nous apprendre.

Montevideo, en tant que ville, n'a pas de cachet propre et manque même plutôt de ce qu'on est convenu d'appeler le cachet américain. L'irrégularité de plusieurs de ses rues, l'élégance, le luxe même de beaucoup de ses maisons, enfin la disposition de ses promenades, de ses places et de ses monuments, en font plutôt une cité dans le goût européen moderne. Le mouvement de la rue, les magasins, les théâtres, semblent subir la même loi, et tout, jusqu'au climat, paraît se mettre de la partie pour faire croire au touriste de l'ancien monde qu'il n'a pas changé de patrie.

Ici, comme à Rio, comme dans toutes les villes commerçantes et maritimes, presque tout l'intérêt, toute l'animation se reportent vers le port.

Là sont représentées non-seulement les puissances marchandes des continents les plus lointains comme les plus divers, mais encore les forces navales de ces mêmes puissances, prêtes à soutenir, au besoin, la défense de leurs intérêts nationaux.

Là, au milieu de navires de guerre aux pavillons les plus mêlés, douze frégates à la flamme jaune et verte attestent la puissance et les droits du Brésil.

Là se meuvent sans cesse de grands bateaux de pêche, des barques de plaisance, et ces petits steamers coquets qui établissent, à travers le Rio de la Plata, les communications journalières de Montevideo avec Buenos-Ayres et la république Argentine.

Eh bien, le croirait-on? ce port si vaste, si bruyant, est l'un des plus mauvais et des plus justement redoutés de l'Océan.

D'une profondeur souvent douteuse, et ouvert à ce terrible vent qui, sous le nom de *pampeiro,* vient régulièrement s'abattre sur les côtes avec une vertigineuse vitesse, il est parfois le théâtre des plus cruels sinistres, et les navires de haut tonnage, qui viennent d'échelle à Montevideo, mouillent à bonne distance de la ville et du port.

Moi-même, j'arrivai par une de ces rudes tempêtes, qui nous retint longtemps prisonniers à notre bord; et quand passa la trombe folle que l'on voyait accourir de bien loin, notre pauvre *Ariadne* eut fort à faire pour rester sur ses ancres et tenir tête au vent.

Dans cette contrée aux côtes ravalées, dans ce pays de plaines sans horizons, on n'est pas peu surpris d'apercevoir, faisant face à la ville de l'autre côté du port, une montagne de forme entièrement conique, ou, pour mieux dire, une colline que couronne aujourd'hui un bout de forteresse. On assure que celui qui le premier découvrit ce bizarre accident de terrain ne put, en le voyant, retenir une exclamation qui baptisa la ville : *Monte-video*.

Maintenant que nous allons suivre chez eux les habitants de ce nouveau pays, établissons d'abord à quelle race d'hommes s'adresseront plus spécialement nos premières observations.

Au Brésil, nous nous trouvions en face de trois éléments : l'élément indigène préexistant, désigné sous le nom d'ailleurs vague d'*Indien;* l'élément européen, ou les Portugais conquérants ; enfin l'élément nègre, importé de l'Afrique, et les types résultant de ses divers croisements.

Dans la république Argentine, comme au Chili, pays que je me propose de faire également parcourir au lecteur, l'élément d'importation, le nègre, n'existe pas, n'ayant pas là sa raison d'être comme au Brésil, où l'exploitation des terrains caféiers exige de nombreux et rudes travailleurs.

Restent donc en présence l'élément primitif ou l'Indien, et l'élément européen ou les conquérants espagnols, ainsi que le type provenant de leur croisement, appelé *gaucho* sur le sol argentin, et, au Chili, *huaso :* c'est le type commun de l'homme de la campagne.

Mais ici où l'Indien primitif et sauvage a été depuis longtemps refoulé hors du territoire de la petite république, il ne reste plus que l'élément espagnol, de sang plus ou moins pur, qu'on retrouve dans les villes, et l'Indo-Espagnol, le *gaucho,* qui peuple les campagnes et qui est l'homme des prairies.

A Montevideo existe et se trouve encore le pur type espagnol, c'est-à-dire le descendant des anciens conquérants, mesurant ses quartiers de noblesse à son plus petit nombre de croisements avec l'élément du pays. Celui-là renchérit par instinct sur la fierté proverbiale particulière à la race castillane : son orgueil ne connaît pas de bornes et s'excuse d'autant mieux que, rare déjà, ce type tend de jour en jour à le devenir davantage.

En effet, les premiers conquérants n'avaient emmené d'Europe qu'un très-petit nombre de femmes, comptant sur leurs unions avec celles du pays pour s'attirer la sympathie des indigènes et se faire agréer d'eux. C'était d'une sage politique, qui leur réussit à merveille, puisque de ces unions répétées sortit une race presque supérieure à la leur.

En résumé : beaux hommes aux grands yeux noirs, au teint bronzé, à la chevelure épaisse, joignant l'adresse et la force de l'Indien à a gracieuse souplesse, à la vivacité native de l'Espagnol ; femmes sveltes et légères, à la taille élancée, aux yeux de flamme, au port de reine.

A côté de cela, d'ailleurs, quelques rudes défauts, dont le plus saillant, la coquetterie, cette demi-vertu chez la femme, ne peut en aucun cas se passer au sexe fort.

Vaniteux à outrance, les Orientaux, pour leur laisser le nom qu'ils se donnent de préférence, se complaisent en eux-mêmes, font généralement bande à part, se rient des Argentins, leurs voisins, auxquels ils sont pourtant bien inférieurs, jalousent les étrangers et surtout les Européens ; bref, ils s'estiment, on se demande pourquoi, les premiers hommes du monde. Ils n'ont cependant pas, que je sache, fait jusqu'ici de travaux bien curieux ni avancé de beaucoup la science.

Paresseux par nature, efféminés et mous, ils cherchent peu à se faire un grand nom dans l'histoire.

Sans doute ils ont été et sont encore chaque jour l'âme de ces révolutions qui éclatent périodiquement chez ce peuple aveuglé, entraînant, avec la chute des pouvoirs établis, les germes de civilisation qu'on s'efforce, à grands frais, de lui faire accepter malgré lui. Mais l'intérêt chez les uns, l'ambition, la vengeance, le désir de piller, chez les autres, provoquent le plus souvent ces tristes mouvements : l'idée de patrie en est presque toujours absente.

Si je me crois autorisé à juger aussi sévèrement de ces faits, c'est que, deux fois pendant le séjour que j'y fis, ce malheureux pays m'a fourni l'occasion d'en être le témoin.

Heureusement, il n'est pas du ressort d'un simple récit de voyage d'entrer dans les détails et l'appréciation de ces désastres si fertiles en ruines de tout genre; et d'ailleurs, pour plus d'une raison, je me suis interdit de mêler à ces pages rien de ce qui appartient au domaine exclusif de la politique ou de la science.

Revenons à Montevideo et à la vie privée de ses habitants.

Sans doute, je le disais tout à l'heure, on pardonne à la femme, on aime même chez elle une nuance de coquetterie. Peut-être avons-nous tort... Mais nous sommes les premiers à nous incliner devant celle qui par l'éclat de sa beauté, le feu de son regard, l'harmonie de ses contours ou la recherche de sa mise, enfin par ce parfum de grâces muettes qu'exhale sa personne, plus encore que par la douceur de sa voix ou le charme de sa conversation, trouve le chemin du cœur et s'impose, même absente, aux rêves de l'imagination.

Comment alors, étant donné la liberté de mœurs qui règne en Amérique, et l'ardeur naturelle aux enfants de l'Espagne jointe aux feux des tropiques, refuserions-nous de pardonner à ces jeunes créoles leurs allures peut-être un peu provoquantes, il est vrai, et leur penchant à faire valoir une beauté d'ailleurs assez réelle pour se dispenser d'auxiliaires et se passer d'affectation?

Et, en effet, combien elles sont gracieuses, quand, poudrées, en cheveux, coiffées du voile de dentelle noire et portant, avec la mantille, l'éventail de rigueur, elles passent à vos côtés sans baisser le regard! Le bon goût les distingue, un chiffon les habille; elles possèdent l'art et l'instinct de la toilette; bref, à bien peu d'exceptions près, toutes sont ou savent se rendre parfaitement séduisantes. Or, ce que j'en dis ici ne s'applique pas à l'Orientale seulement; l'Argentine, la Chilienne, la Péruvienne, en méritent autant; et toutes, sur ce terrain, semblent se rencontrer dans un même assemblage de grâce et de beauté; contraste étrange avec leurs voisines du grand Empire, où la beauté est plutôt l'exception : comme si les sphères tropicales s'étaient promis de ne dépenser qu'au seul profit du règne végétal les richesses de leur incomparable climat !

On aurait tort de croire que les qualités physiques sont les seules qui distinguent les femmes de ces pays.

Si l'homme y est plutôt oisif et ne révèle aucune aptitude spéciale au travail ou à l'étude des choses sérieuses; si le jeune homme, ne faisant à nos mœurs que les pires emprunts, met la culture du corps au-dessus de celle de l'esprit et ne quitte le café que pour promener dans la rue le dernier mot d'une coupe nouvelle, monter un cheval capricieux, voire même se mirer aux vitrines des magasins, la femme a plus de souci des choses intellectuelles, et son éducation, que l'étude de la religion, des langues et des littératures, relève en peu de temps, lui donne une supériorité qu'entretiennent des goûts hautement artistiques : éducation pleine de sens, il est vrai, mais qui n'est pas exempte d'inconvénients; car, s'adressant à des sujets déjà naturellement exaltés, elle en fait trop souvent des êtres moins sérieux que romanesques, tandis que la jeune fille, cherchant en vain autour d'elle l'homme capable de répondre à ses aspirations, prend feu et flamme pour l'étranger auquel elle se plaît à prêter toutes les qualités et qu'elle idéalise à son gré.

Quoi qu'il en soit, et loin de vouloir soutenir que les mœurs de la république s'y maintiennent au niveau d'une correction parfaite, je dois dire cependant qu'avant tout elles sont simples, du moins en ce qui concerne l'intérieur des familles. En effet, en dépit de quelques grosses fortunes, c'est tout au plus au dehors, c'est-à-dire au spectacle, au bal ou dans la rue, que s'étale le luxe. A ce propos, on est surpris de voir que celui des équipages consiste principalement à surcharger chevaux et voitures d'ornements d'argent massif. Cela est riche, assurément, quoique d'un goût douteux. Tout au plus est-il original de voir pendre aux fronteaux et aux colliers des chevaux ces précieuses chaînes composées d'une suite non interrompue de vieilles monnaies d'argent espagnol; mais, tout compte fait, les voitures sont lourdes, les chevaux massifs et les laquais ridicules sous leurs livrées excentriques.

VII

US ET COUTUMES A MONTEVIDEO

Le carnaval. — Description du cortége. — Les *pomitas*. — Masques. — La cérémonie dite de l'enterrement du carnaval. — Les bals à Montevideo.

C'est aux grands jours de carnaval qu'il fait bon observer tout ce que la ville contient de ces équipages à clinquant, alors tous découverts et remplis de jolies femmes, en cheveux et en toilettes de bal, poudrées, décolletées, parfois même masquées. Ils se suivent en longue file et font partie du *curso* (cours).

Le cours est la *great attraction* des jours gras, qui se célèbrent ici avec une pompe exceptionnelle.

C'est un immense cortége carnavalesque que précèdent le lieutenant général de police, un piquet de cavalerie et la musique militaire, et que suivent ces nombreuses voitures, publiques ou particulières, dont je viens de parler.

Il se compose d'une jolie réunion de masques, à pied, à cheval, en voiture ou juchés sur des chars allégoriques et grotesques, et de *comparsas* (corps de métiers ou sociétés de musique), portant chacune un même et riche costume, et qui, marchant au pas, bannière en tête, exécutent à tour de rôle les plus jolis morceaux.

La foule est immense, les rues sont pavoisées, la ville est transformée ; car, ces jours-là, le gouvernement et les particuliers font assaut de largesses pour la décoration pendant le jour et l'illumination pendant la nuit.

A l'heure du départ, c'est un branle-bas général. L'agitation est à son comble ; et le cortége, s'avançant lentement à travers la haie des badauds, fait un tour de deux heures sur une piste connue, passe sous vingt arcs de triomphe et recueille partout de frénétiques acclamations.

Il est, dans ces pays, aux jours de carnaval, un divertissement fort en vogue, qui fait, à n'en pas douter, les délices de l'indigène, mais que l'étranger ne goûte qu'à demi. Qu'on en juge : il consiste à s'asperger l'un l'autre, entre sexes divers. On se sert, à cet effet, de petits sachets de plomb appelés *pomitas,* qui, sous la pression de la main, laissent échapper par leur mince encolure un jet d'eau froide, mais parfumée. Or, comme il est admis que c'est de la part de ces dames une haute marque d'attention et de faveur, celui qui subit cette épreuve est avant tout contraint de faire bonne figure, et l'usage veut qu'il se montre non moins flatté qu'arrosé.

Pour moi, qui dus sans doute à ma qualité d'étranger d'attirer un peu le regard, je m'épongeais en silence, ne pouvant me faire à l'idée de tirer vanité de l'honneur qui m'était fait.

Cet usage, il y a deux ans à peine, se pratiquait encore sur une échelle bien autrement vaste et désagréable : alors, si vous passiez sous les fenêtres ou le balcon d'une *señora* désireuse de vous manifester sa bienveillante attention, vous receviez sur la tête, au moment le plus imprévu, certain cornet de papier gommé rempli d'eau; cette bombe d'un nouveau genre éclatait en vous inondant. Il s'ensuivait mille abus, et la police a sagement agi en proscrivant ces lavages en grand.

Quant aux *pomitas,* ils ont conservé leur prestige et font rage plus que jamais, puisqu'à

Montevideo, durant les jours gras, il s'en est vendu cette année plus de cinquante mille.

Le croirait-on? dans ce pays de toutes les libertés, ne se déguise pas qui veut! En effet, le masque ne peut descendre dans la rue ni prendre ses ébats que muni d'une carte que lui vend, à l'hôtel de ville, une police prévoyante : certificat moral signé de son nom, qu'il est tenu de produire à l'occasion, et dont le prix, encore assez élevé, est affecté aux pauvres de la ville. Le plaisir payant ainsi l'impôt direct à la misère, c'est une noble idée couronnant une sage mesure.

Un mot encore sur la façon dont se terminent ces fêtes du carnaval et sur l'étrange cérémonie qui en fait presque tous les frais.

C'est le mardi gras qu'on procède à l'*enterrement* du carnaval. Alors, plus nombreux et plus brillant que jamais, le cours suit un grand char funèbre richement tendu de drap noir, recouvert des inscriptions les plus grotesques, et où repose, sur un lit de parade, un mannequin masqué simulant le présent carnaval. On traverse la ville entière, et l'on arrive auprès d'un immense bûcher, autour duquel le cortége s'arrête et fait cercle; on y porte le mannequin, et l'un des masques, sensé proche parent du défunt, prononce d'une voix émue une oraison funèbre aussi emphatique que pleine de verve et d'esprit; puis, quand les flammes du bûcher ont à peu près tout dévoré, le convoi se débande et rentre en ville dans le plus complet désarroi.

Le reste de la journée se passe encore gaiement : franchissant à leur gré les portes des maisons, les *comparsas* vont à domicile donner des concerts forcés : la musique et la danse reprennent leur cours interrompu ; mais, chose digne de remarque et d'un exemple à faire honte à nos pays soi-disant plus civilisés, dès minuit, tout rentre dans l'ordre et le silence, et rien dès lors ne vient plus interrompre le respect dû au saint temps du carême.

Cependant, les fêtes et la danse semblent être tout spécialement du goût des Montévidéens Lorsqu'en vient la saison, ils s'en donnent à cœur joie. Ils dansent à ravir. Les bals sont nombreux et brillants, et il y règne une animation des plus grandes comme des plus franches à la fois, car toute contrainte en est sévèrement bannie.

Loin de cette roideur affectée qui glace trop souvent chez nous, les couples rieurs et causants paraissent tous enfants d'une même famille; et quelques-uns sans doute songent déjà à l'avenir, sans que pour cela la généralité doive aucunement paraître réunie pour autre chose que se voir, rire, danser et s'amuser.

L'attrait de ces réunions, toutes de bon accueil et de franche gaieté, se trouva être si grand et si nouveau pour moi, qu'il corrigea bien vite l'isolement dans lequel ma qualité d'étranger, sinon d'inconnu, me plaçait tout d'abord.

Les toilettes sont jolies, sans tomber dans l'excès d'un luxe extravagant; les femmes, je l'ai dit, sont infiniment gracieuses, et la musique est d'un niveau plus que satisfaisant.

« Rien de parfait sous le soleil », dit-on. Au bal, on pourrait ajouter : « Et sous les feux du gaz. » Serait-ce pour ce motif, ou simplement dans la pensée d'ajouter à leurs charmes, que nos belles Orientales font une telle consommation de poudres de toutes nuances? A mon sens, elles n'y gagnent rien, et même cette mode leur fait le plus grand tort. Passe encore, je l'admets, pour la tête! Mais se promener au bal, le cou et les épaules semés de poudre d'or, c'est d'un raffinement auquel je n'aurais pas voulu croire, si mes danseuses elles-mêmes ne m'en eussent fourni plus d'une preuve.

Quoi qu'il en soit, ces fêtes sont charmantes : on y fait volontiers assaut d'esprit et de gaieté, et la jeunesse se trouve d'autant mieux représentée que les débuts y sont d'une précocité surprenante : ainsi, pour n'en citer qu'un exemple, une aimable jeune fille, avec laquelle je dansai quelquefois et qui toujours m'étonna par la facilité de sa conversation, était à peine entrée dans sa quinzième année.

VIII

COMBATS DE TAUREAUX

L'arène de Montevideo. — Description et péripéties d'une course de taureaux. — Les combats de coqs.

D'autres plaisirs, d'une nature moins innocente selon moi, mais dont la catholique Espagne est seule responsable vis-à-vis de ses fils d'Amérique, se partagent pendant l'été leurs loisirs et leur temps.

Je veux parler des combats ou courses de taureaux (*corridas de toros*), pour lesquels la passion ne connaît pas de bornes.

C'est un trait caractéristique de la race espagnole tout entière : et quoique ces jeux sanglants, entretenus encore au cœur de notre civilisation, soient généralement bien connus, je crois que le lecteur me saura gré de les lui raconter tels que je les ai vus se pratiquer là-bas.

La course de taureaux est un spectacle assurément sanguinaire et barbare, mais, il faut en convenir, infiniment grandiose, attachant et majestueux.

Vieille comme la ville de Montevideo, l'arène, qui peut contenir plus de dix mille spectateurs, a l'aspect d'un cirque romain. Elle est à ciel ouvert et construite au dehors de grosses pierres massives. A l'intérieur les gradins, faits de briques, sont couronnés d'un hémicycle de loges (*palcos*) : la moitié des places est à l'ombre et vaut deux fois le prix des autres.

Le public est séparé des acteurs par de grosses chaînes de fer et par un fossé profond pratiqué entre ces chaînes et la palissade du cirque ; précaution nécessaire ; car, une fois lancé, le taureau la franchit quelquefois. Dans le fond, faisant face à l'entrée des hommes et des chevaux, est la loge des animaux, le *toril,* qu'une double porte en fer massif dérobe aux yeux du public.

C'est une troupe madrilène qui vint donner la représentation. Le tout fut fait dans les règles de l'art et à peu près de la manière suivante :

A l'heure dite, l'air national appela dans l'arène

la *quadrilla* ou le personnel complet de la troupe. Les acteurs de ce sanglant spectacle parurent alors, tous revêtus de leurs riches costumes et des insignes de leurs diverses fonctions. En tête marchaient les *toreadores* munis de leurs *capas,* écharpes aux brillantes couleurs, et les *banderilleros* avec leurs petites flèches recouvertes de bandelettes et masquées sous les fleurs; puis venaient les *espadas* portant l'épée (*espada*) et la *muleta,* pièce de drap écarlate emmanchée à un petit bâton. Cet engin, qui leur sert à appeler le taureau, est leur seul bouclier dans les instants critiques. Enfin, la marche était fermée par les *picadores,* bardés de fer aux jambes et recouverts d'étoffes goudronnées : armés de leur immense pique et montés sur des haridelles d'avance vouées à la mort, ils semblaient réaliser à ravir le type légendaire du fameux don Quichotte.

Après une volte dans le cirque, la *quadrilla,* se retournant vers les tribunes et le jury, s'arrêta, fit avec ensemble un gracieux salut, et sortit.

Bientôt un coup de sonnette donna le signal de l'ouverture des jeux, et trois *picadores* rentrèrent sur la piste, qu'ils parcoururent au galop. Ces malheureux, lourdement équipés, sont d'ailleurs peu gracieux : c'est qu'ils jouent un jeu dangereux, ne pouvant, à cheval, quitter le cirque à leur gré, tandis que les *chulos* ou *toreadores* doivent leur salut à leur légèreté, leur agilité, leur souplesse, et peuvent toujours franchir la palissade ou se glisser, aux quatre coins de l'arène, dans d'étroites coulisses ménagées à cet effet. Aussi ces derniers portent-ils un costume léger autant que riche et coquet : culotte collante aux coutures brodées, veston de soie vive frangée d'or ou d'argent, bas de soie enrubannés et brodequins de satin.

Cependant, la porte du *toril* venait tout à coup de s'ouvrir, et le premier taureau de combat s'était élancé dans l'arène. Il fit deux bonds au plus, s'arrêta, ébloui tout d'abord, puis promena sur le public et sur ses adversaires un regard farouche et menaçant.

C'était un superbe animal, au poil noir et luisant, aux formes puissantes, aux nerfs d'acier. Pris au *lazo* dans les steppes immenses où hier encore il paissait à l'état sauvage, il avait été soumis, pour les besoins de la cause, à une réclusion et à un jeûne forcé de douze heures.

Son choix fait, il se précipita, tête basse, sur l'un des *picadores,* qui, emboîté dans sa grande selle arabe et la lance en arrêt, l'attendait, d'ailleurs, de pied ferme. Le choc fut terrible; mais l'homme, cette fois, eut raison de l'animal.

Alors, un nouvel élan le porta sur un autre adversaire. Celui-ci, moins heureux, ne sut pas l'éviter. Il tomba, tandis que sa pauvre bête, prise au poitrail par les cornes du taureau, était lancée dans le vide, et, perdant des flots de sang, retombait sur le dos, décousue et mourante.

Le cavalier, que son costume fourré avait protégé dans sa chute, se relevait contusionné, quand le taureau fondit sur lui. Il en eût fait sans doute bon marché, si, à l'instant, le troisième *picador* n'était venu l'attaquer et lui tenir tête à son tour.

Alors, la sonnette du jury s'agita de nouveau, annonçant au public la seconde phase du combat.

C'était le tour des *banderilleros*, ces hommes armés, nous l'avons dit, de petites flèches ferrées, couvertes de bandelettes. Ils en tiennent une de chaque main, s'avancent au milieu du cirque, appellent le taureau et profitent du moment où la bête qui les charge est près de les atteindre pour lui planter leurs armes à la fois sur les deux épaules, l'évitant en même temps par une volte habile et gracieuse

Tous excellent en ce genre; et, si l'un d'eux vient à manquer son coup, on le siffle sans pitié.

Par contre, lorsqu'une passe est bien exécutée, si l'un des sujets de la troupe fait preuve d'audace et d'adresse, rien ne peut contenir l'enthousiasme de la foule. Celle-ci, d'ailleurs, à l'occasion, par les cris de « *bravo toro* », ne se fait pas faute non plus d'applaudir et d'encourager l'animal.

Le taureau, cependant, commence à donner le sang : il cherche en vain à secouer ces flèches et grandit en fureur. Souvent, à ce moment et pour l'exciter davantage, on se sert de flèches à fusées qui lui éclatent sur le dos : alors, il bondit, il écume ; il est terrible et superbe. Les *toreadores* le poursuivent et l'évitent, l'attirent avec leurs écharpes, puis pirouettent sur les talons ou bondissent tour à tour au-dessus de la palissade. L'un d'eux prend son élan, lui pose légèrement le pied entre les cornes, et, aux cris de la multitude, lui passe par-dessus le corps.

Tout cela fut l'affaire d'un quart d'heure environ ; puis vint le dernier signal : on sonna la mort du taureau.

C'est ici la partie la plus dramatique et la plus émouvante, comme aussi la plus curieuse du combat.

L'*espada* tient d'une main la *muleta* d'étoffe

écarlate, et, de l'autre, une petite épée, mince, longue et affilée comme une aiguille. Il doit, à l'aide de son écharpe, attirer le taureau sous la tribune du jury, et lui plonger d'un trait son épée jusqu'à la garde, entre les cornes, à la naissance du cou. S'il réussit, la bête tombe foudroyée; mais quelquefois l'épée rencontre un os, dévie, échappe ou bien se brise. Souvent aussi, elle ne pénètre qu'à demi, et le taureau la porte chancelant, fait au petit trot quelques tours de la piste, perd des flots de sang, puis va s'abattre dans un coin. Dans ce cas, s'il lève encore la tête, un nouveau personnage s'élance, saute sur lui, et, d'un tout petit poignard ou stylet catalan, lui donne le coup de grâce avec une merveilleuse adresse.

L'*espada* qui, dans cette première course, devait opérer ce jour-là, venait de faire son entrée. Je m'en souviendrai toute ma vie : c'était un Péruvien d'une haute stature, d'un beau bronze doré, homme déterminé, souple et fort à la fois. Deux fois, il fit d'abord les passes les plus habiles comme les plus étranges; puis, se tournant vers les tribunes et le jury et jetant sa toque en l'air : « Je dévoue cet animal, fit-il, au gracieux peuple de Montevideo, au président, aux membres de la Société, aux gens à l'ombre comme à ceux au soleil »; puis, se retournant, du premier coup, il tua roide le taureau.

On l'applaudit de toutes parts; on lui lançait dans le cirque des éventails, des chapeaux, des mouchoirs, qu'il rapportait triomphant, recevant en échange des cadeaux ou de l'argent.

Tout est dit : la musique sonne une joyeuse fanfare, et l'on voit accourir dans l'arène trois mules montées et richement empanachées, traînant après elles une sorte de palonnier. On y attache le taureau, qui, rapidement entraîné par le galop de ce singulier attelage, quitte le cirque pour un enclos voisin, où il est immédiatement ouvert et dépecé. La même manœuvre se répète pour les chevaux morts, qui restent sur le terrain jusqu'à la fin de la course.

Quant à ces cavaliers, ils ont encore une autre fonction. Ce sont eux qui doivent, si le taureau manque de courage ou refuse le combat, s'en emparer au *lazo* et l'immoler aussitôt.

La première course terminée, on jette un sable frais sur les flaques de sang de l'arène : immédiatement et sans entr'acte, suit un combat nouveau, passant identiquement par les mêmes phases. Ce drame sanglant et barbare dure, à son tour, de vingt à vingt-cinq minutes environ. Il se reproduit six ou sept fois, remplissant ainsi quelques heures d'émotions vives, mais sauvages.

Apprécier d'une façon tout à fait impartiale la vogue de ces jeux cruels est chose difficile, disons même, impossible à quiconque jamais n'en a été témoin. Celui qui, comme moi, les a suivis de près, subissant à son tour leurs émotions poignantes, comprend assurément ce qu'en saine morale ils ont de révoltant, mais il ne peut cependant se résoudre à condamner sans réserve un peuple qui d'instinct national les goûte et les chérit.

Je n'en puis dire autant d'un spectacle de même nature, mais d'un genre bien différent, qui excite également au plus haut point là-bas les passions de la foule.

Il s'agit cette fois des combats de coqs, qu'une louable mesure a supprimés presque partout chez nous.

Ici, en effet, rien de grandiose en soi : ce ne sont plus les phases brillantes d'un combat de géants; ce n'est plus la force brutale aux prises avec l'intelligence et la souplesse humaines... Ce sont de pauvres bêtes qu'on arme et qu'on excite à se détruire entre elles; ce n'est plus qu'une triste partie où les combattants doivent payer de leur vie l'enjeu placé sur eux par de tristes joueurs; et s'il est, à ce titre, plus curieux pour l'observateur de suivre les types et les physionomies de la galerie que les péripéties mêmes du combat, rien ne peut les soustraire à l'écœurement qu'il éprouve en quittant ces arènes, dont le public, hâtons-nous de le dire, est toujours des plus mal composés. Ils sont là, tous les déclassés de la fortune ou du plaisir, les blasés, les « voyous »... types partout les mêmes; ils sont là, la pipe à la bouche et le feutre mou sur l'oreille, suivant d'un œil avide l'agonie ou le triomphe du coq qu'ils ont choisi. Leur regard semble fixe; et c'est à peine si parfois, pour exciter leur favori, leur face hébétée se déride.

Cependant, les pauvres coqs s'acharnent au combat; de leurs éperons garnis d'acier, ils cherchent tout d'abord à crever l'œil de leur rival; ils se déplument, ils se couvrent de sang; et si parfois, comme d'un commun accord, ils s'arrêtent pour respirer, la foule est là qui les excite, qui les presse, au besoin même descend dans l'arène pour couper la retraite aux fuyards et les forcer à lutter jusqu'au bout.

Ces plaisirs ont malheureusement un champ plus vaste que celui des villes : on les retrouve souvent dans les campagnes, où les *estancieros,* éleveurs du pays, les introduisent, les encouragent et en tirent profit; car ce sont eux qui élèvent et fournissent les coqs de combats, auxquels ils sont aujourd'hui parvenus à faire attribuer une énorme valeur.

Presque chaque dimanche, il y a dans les villages spectacle de ce genre, et l'on compte parmi les fervents jusqu'à des gens qui, par leur position, devraient s'y montrer plus hostiles.

Ainsi, voyez l'exemple du vieux curé de Soriano, petite bourgade de l'intérieur perdue sur le Rio-Negro. Il avait un coq de combat qui gagnait tous les prix et lui rapportait gros; et ce rude champion, justement redouté à vingt lieues à la ronde, était un objet d'envie pour la plupart des gens de l'endroit.

A tort ou à raison, le brave homme se méfiait, redoutant pour son favori quelque trait de jaloux. Et ils sont nombreux, les moyens de se défaire d'un semblable rival : l'arsenic le foudroie; quelque breuvage fermenté, administré la veille ou le jour du combat, le prive de ses moyens d'action, etc.

Que faisait donc le vieux curé?... Son coq sous le bras, il allait à l'église, où, lié par la patte à une chaise de sacristie, le malheureux était, malgré lui, contraint d'assister aux offices.

IX

INSTITUTIONS

La police. — Les *serenos*. — Assassinats et vols. — Le vol à la loterie. — L'armée. — L'enrôlement.

La police des villes, sans doute insuffisante et trop large sous bien des points, est cependant relativement bien administrée là-bas; et je dois dire qu'en dépit de MM. les voleurs, assassins et filous, qui semblent avoir choisi l'Amérique pour le champ préféré de leurs exploits, Montevideo, la nuit, est, je crois, la plus sûre des villes du Sud.

Doit-on ce résultat à l'institution des veilleurs de nuit, organisée ici sur une vaste échelle? Je ne sais : toujours est-il qu'ils sont nombreux et solidaires entre eux. Ils sont munis d'une lanterne sourde, d'un casse-tête et d'un sifflet. Chaque *cuadra* ou pâté de maisons a le sien, qui en fait régulièrement le tour, criant ou mieux chantant à la fois l'heure et le temps.

Rien d'étrange, les premiers jours, comme ces notes jetées sur une ville endormie, au sein d'une nuit calme et sereine, et répétées par des centaines de voix aux timbres différents. Le rhythme en est plaintif et monotone, et les phrases diffèrent peu. C'est, par exemple : *Sereno, las once han dado,* « Temps clair, onze heures. » — *Nublado, la una y media,* « Brumeux, une heure et demie. » Comme, dans ces pays, les nuits sont régulièrement sereines, on désigne làbas ces veilleurs sous le nom de *serenos,* du cri qu'ils répètent le plus souvent.

Il y a peu de temps encore, eux seuls étaient, pendant la nuit, dépositaires des clefs de toutes les maisons de leur circonscription, et l'attardé, rentrant chez lui, devait les attendre à sa porte.

Ici, cependant, comme partout, du reste, il n'est pas de police si bien faite qu'il n'y ait quelque cas de vol ou d'assassinat. A la production de ces derniers concourent, selon moi, deux causes importantes : soi-disant pour veiller à sa propre sécurité, chacun porte librement des armes dangereuses; et le meurtre, s'il ne s'accomplit pas dans des conditions trop criantes, s'il n'a pas pour objet des personnes officielles ou marquantes, n'entraîne jamais la peine de mort. Son auteur en est quitte le plus souvent pour se voir enrôlé de force dans l'armée, et cela pour un maximum de trois, quatre ou cinq ans : son temps fini, il sera rendu à la société. Si par hasard on le fusille, c'est une fête pour les badauds : un peloton de soldats, précédé d'une bonne musique et suivi d'une foule immense, va, au son d'une marche guerrière, enlever le coupable à la prison, l'adosse cérémonialement à quelque maison de la place, le fusille, le met dans un cercueil amené tout exprès, l'accompagne à l'église, le suit au cimetière, puis s'en retourne, toujours au son d'un air martial, avec la dignité d'un devoir gentiment accompli.

Mais ces cas sont fort rares; d'autant que la justice est large et corruptible, et que les lois, déjà souples, ne sont que trop souvent violées par leurs propres auteurs.

Le vol ne prend que rarement les dehors d'une grande hardiesse ou d'une sérieuse importance; mais il affecte volontiers la forme de la duperie; je vais citer, de cette forme multiple s'il en fut, un exemple qu'on me pardonnera, je l'espère, bien que l'aventure m'ait été personnelle.

Un soir que j'errais en flânant dans la grande rue de Montevideo, je la trouvai plus animée que de coutume. En effet, c'était jour de tirage de la loterie hebdomadaire, cette institution immorale qui excite au plus haut point, ici comme à Rio, les vilaines passions d'un peuple extrajoueur.

Je songeais à tout et à rien, je m'avançais sans but déterminé, lorsqu'un individu, d'allures campagnardes, m'aborde et me demande s'il est bien dans la rue de « Juillet », et s'il se trouve dans cette rue un bureau de l'agence des loteries. Je l'ignore; il le regrette, car il est possesseur d'un billet gagnant, sans savoir de quelle somme. Étranger, campagnard, il n'a qu'une heure à séjourner dans la ville, où il vient tout exprès pour toucher son argent. Tout en causant, il m'exhibe un billet admirablement falsifié et dont j'aperçois le numéro. Au même instant, passe négligemment un porteur de la liste des numéros gagnants. C'est un compère : le rustre lui fait signe, et me prie, car il ne sait pas lire, de consulter la liste afin de voir ce qu'il gagne. Le lot est de dix mille francs. C'est alors que la petite scène commence : l'homme à la liste me pousse légèrement du pied et dit au paysan qu'il gagne deux mille francs; puis, profitant du temps que met ce dernier, tout joyeux, à allumer sa cigarette contre une porte voisine, il me propose une affaire superbe : il est tard, les bureaux sont fermés; pressé de partir, le rustre, en échange des deux mille francs, m'abandonnera l'heureux billet. Quant à lui, le lendemain, il ira réclamer au bureau, avec moi, le lot de dix mille francs, à empocher de compte à demi.

Telle est la véridique histoire que j'ai cru devoir raconter. Voici maintenant le dénoûment que je lui donnai :

Je ne fus, on le pense bien, que peu flatté de l'aventure, et me demandant jusqu'à quel point je pouvais avoir l'air d'un homme à qui l'on fait des offres de ce genre, je voulus m'indigner tout d'abord; mais, par bonheur, je me contins. Je feignis de consentir; et, parlant mon plus pur espagnol, je débattis pendant quelques instants les conditions offertes; bref, je me fis suivre des deux compères, leur disant que j'allais prendre chez moi la somme. Mais, en route, nous croisâmes un agent de la police. Je lui fis signe et lui contai l'affaire, au préjudice, comme de raison, de mes aimables compagnons.

J'ai dit tout à l'heure un mot de l'armée. On juge de son niveau moral par le seul fait que dans l'armée dite régulière l'enrôlement est une peine qu'infligent les tribunaux. On y condamne les assassins, les vagabonds, les mauvais sujets de toute nature; et de plus, c'est pour les fainéants ou les colons leurrés par des agents menteurs un refuge, — le seul, — contre une affreuse misère.

Je le dis avec intention, car c'est le cas de la plupart des Belges que j'ai trouvés là-bas : à bout de ressources, ils signent un engagement de cinq ans, auquel rien ne peut les soustraire; et vous voyez d'ici la position de nos compatriotes, obligés de seconder, à leur corps défendant, les mouvements révolutionnaires de ce peuple en fermentation permanente. De plus, les soldes ne sont jamais régulièrement payées, et quelquefois ne le sont pas du tout.

Quoi qu'il en soit, extérieurement du moins, les troupes de la république n'ont pas trop mauvaise figure, et cette armée, que composent tant d'éléments divers, a un aspect plus que décent; mais en campagne elle pille avec furie, s'insurge pour un rien, et tourne au vent du parti le plus fort.

L'effectif n'en est guère imposant; cependant

les soldats, d'ailleurs bien équipés, sont fraîchement armés de fusils Remington.

En ville, j'ai souvent croisé le 6⁰ *cazadores* (chasseurs), dont la bonne tenue m'a frappé. Ce régiment offre encore une particularité curieuse à noter : en tête marche un superbe bélier qui précède la musique et lui fraye le chemin, distribuant à l'occasion, quoique avec dignité, de bons coups de cornes aux gamins et à la foule des badauds.

X

RELIGION

Le catholicisme, religion d'État.—La superstition.—La réclame à Montevideo.

Je ne veux pas terminer ce petit aperçu sur les Orientaux de l'Amérique du Sud sans citer encore quelques traits de nature à compléter le tableau de leurs mœurs et de leurs instincts.

Ils ont aussi une religion d'État : c'est le catholicisme; mais, en thèse générale, on peut dire que les hommes du moins ne la pratiquent pas. S'ils se rendent à l'église, c'est tout au plus à l'issue des offices, pour voir sortir les fidèles ou rejoindre leurs femmes et leurs enfants.

Le culte est cependant richement desservi à

Montevideo : les chapelles sont nombreuses, et l'église cathédrale est un fort beau monument.

Heureusement, la partie féminine de la population, en ceci de nouveau plus sensée, fait preuve d'assez de zèle et d'une piété vraie. C'est ce dont les exercices d'une station de carême m'ont justement permis de me convaincre. En ce temps de l'année, des femmes, appartenant souvent au meilleur monde, vont quelquefois jusqu'à s'astreindre, par pénitence ou par vœu, à dérober leurs charmes sous les plis d'une laine voyante et grossière.

A côté de la religion, mais plus universellement en honneur, puisqu'elle est presque générale, fleurit la superstition sous ses formes les plus accentuées. Quoi d'étonnant, me dira-t-on, chez un peuple habitant de semblables climats? Et n'est-ce pas encore là un nouvel héritage de la mère patrie? D'accord. Cependant quelque grand que puisse être de par le monde le nombre de ses fidèles, la superstition pure et simple donne la mesure d'un si petit esprit et porte d'ordinaire sur des données si hautement comiques, que partout où je la rencontre elle est pour moi le sujet d'un étonnement toujours nouveau.

Ainsi, le jour néfaste est ici le mardi, mais nul ne peut vous en dire la raison. Ce jour-là, vous voyagerez à l'aise; mais renoncez à l'idée de faire une partie commune ou de conclure une affaire.

S'il pleut, ne sortez pas; non pas uniquement de crainte de vous mouiller, mais pour vous épargner l'ennui de vous trouver seul à circuler dans une ville morte et déserte. La pluie est, paraît-il, d'un détestable augure; et, tant que dure ce phénomène, heureusement rare en ces pays, il y a interruption complète des affaires : la Bourse ferme, les magasins aussi, et les services publics ne fonctionnent plus, faute de voyageurs.

Comme je n'en finirais pas si je voulais entrer dans tous les petits détails de cette infirmité, et qu'ils ne sont après tout que d'un intérêt secondaire, je préfère m'en tenir aux grands traits que j'en ai tracés.

Je termine en citant un exemple de réclame bizarre dont je puis garantir la parfaite authenticité. Il prouvera qu'en cette matière, américaine de naissance, le Sud est presque à la hauteur du Nord.

Cet exemple nous est fourni par un journal

de Montevideo, à bout de ressources contre un puissant confrère dont la nuance semble décidément triompher. Le confrère dirige un des plus importants organes de la capitale : l'*Uruguay*.

Or, à la suite d'une longue et verte polémique au cours de laquelle ils ont rompu bien des lances, l'adversaire, un matin, paraît encadré de noir, et porte en première colonne une dépêche à sensation conçue de la façon suivante : d'abord, en lettres énormes : « *L*'Uruguay *en déconfiture, ses presses brisées, son rédacteur assassiné, tous ses collaborateurs brûlés en effigie... grande effervescence dans la ville; on ne veut plus de ce journal, on jure de ne plus s'y abonner, etc...* » Puis, en deux lignes de tout petits caractères : « Rien de tout cela n'est encore arrivé; mais voilà bien ce qui pourrait se passer, si ce journal s'entête dans sa fâcheuse ligne de conduite. »

Comme on le voit, ce peuple, qui sans doute a du bon et dont j'ai peut-être exagéré quelque peu les défauts, offre à l'observateur des points d'étude assez curieux; mais, pour en juger pleinement, il ne suffit certes pas de l'étudier à la ville, où le caractère et les mœurs subissent fatalement des influences étrangères ; il faut le voir aux champs et à l'œuvre.

Suivons-le donc dans l'intérieur, où nous appellent, d'ailleurs, des sujets dignes d'intérêt.

LES PAMPAS

XI

ASPECT GÉNÉRAL DES PAMPAS

Origine du mot. — Ce qu'est la *pampa*. — Animaux d'élevage. — *Posteros*. — *Estancias* et *estancieros*. — Personnel et distribution d'une *estancia*.

Je l'ai dit, quitter le Brésil pour les républiques du Sud, c'est dire adieu aux forêts, aux montagnes ; c'est se séparer brusquement de cette végétation tropicale aux merveilleux produits ; c'est briser avec cette grande et sublime nature qui tout d'abord étonne et confond, et qui bientôt captive et séduit.

Ici, sur un espace de plus de mille lieues,

d'immenses plaines ou prairies s'étendent à perte de vue, à l'ouest, jusqu'à la chaîne des Andes, au sud, jusqu'au détroit de Magellan.

Qu'on l'appelle *campo*, comme dans l'Uruguay, ou, comme dans la république Argentine, *pampa*, cette immense mer de verdure est à peine coupée de petites ondulations de terrain qu'on ne peut même appeler des collines. La végétation y semble à peu près nulle; ou, du moins, ses produits, sous l'action des vents qui sans cesse balayent ces régions ouvertes, ne dépassent jamais une hauteur de trois ou quatre mètres. Enfin, si quelque beau fleuve ou quelque importante rivière vient à traverser les prairies, coulant larges et nus entre des rives plates, ces cours d'eau contribuent à peine à relever la sinistre mélancolie du tableau.

C'est triste et, cependant, saisissant de grandeur, d'étendue, d'aspect sauvage. Il faut se faire à ces sites nouveaux, comme on se fait à la mer, comme on se fait au désert; puis chercher des sujets d'intérêt, de distraction dans la nature même du sol ou l'appropriation qu'en ont faite les trop rares habitants de ces contrées. Il faut aller chez eux, vivre de leur vie, s'initier à leurs travaux, partager leurs fatigues, pour goûter tout l'attrait de cette vie des pampas, qui semble au premier abord si austère et si pénible.

Le lecteur complaisant qui voudra bien me suivre dans cette course nouvelle me pardonnera ce qu'elle pourra lui offrir de sérieux ou de banal ; et si je lui parle un peu longuement, cette fois, herbages ou bétail, il voudra bien songer qu'un intérêt particulier s'attache à toute chose, et que les fleurs, même les plus communes, ne croissent pas en tout endroit.

Mais fixons un point tout d'abord. Sans doute j'ai parcouru, dans toute son étendue, l'immense territoire de la république Argentine ; mais, d'autre part, j'ai séjourné six mois dans l'intérieur de l'Uruguay. Je vais donc parler surtout d'après ce que j'ai vu dans ce dernier pays ; cependant ce que j'en dirai est également applicable à la république Argentine, où le sol et la vie se trouvent être identiques. J'emploierai même de préférence, pour désigner le sol, le terme mieux connu de *pampa*.

Tout d'abord, le nom de *pampas* éveille en nous l'idée de vastes plaines couvertes de cette herbe haute et dure connue dans nos jardins sous le nom de *gynerium argenteum* ou *pampa*.

Telle est bien réellement l'origine du mot :

telle était et telle est encore la pampa à l'état sauvage, celle que la civilisation n'a pas encore conquise aux anciens occupants, aux Indiens, aujourd'hui refoulés, au sud, jusqu'aux frontières patagones, jusqu'aux premiers contreforts de la Cordillère à l'ouest.

Mais telle n'est plus la *pampa* exploitée, celle où l'homme civilisé est venu planter son drapeau, importer ses richesses et lâcher ses troupeaux.

Les bêtes, de leur sabot, et l'homme, par le fer et le feu, ont tout d'abord purgé le sol de cette plante absorbante, de ce jonc élégant, mais, hélas! inutile : petit à petit, des graines fourragères ont pris la place libre; puis le travail des siècles et le séjour d'innombrables troupeaux ont achevé de former ces immenses pâturages qu'on croirait aujourd'hui les produits natifs d'une terre qui cependant ne les connaissait pas.

Sans doute ce travail ne s'accomplit que lentement, péniblement, et au prix de grands sacrifices. On le retrouve encore en voie de formation dans les parties les plus reculées des pampas. Là, le terrain n'a aucune valeur; la lieue carrée est l'unité de mesure, et les gouvernements accordent volontiers d'immenses concessions; mais aussi celui qui les reçoit a non-seulement tout à faire pour en prendre possession, il doit encore se garer des Indiens, dont les fréquentes incursions menacent à chaque instant de le priver de son bien et de lui enlever les fruits, acquis déjà, de pénibles labeurs.

A voir les grands troupeaux de bœufs et les chevaux innombrables qui folâtrent dans les prairies, où ils vivent sans garde et à l'état presque sauvage, on croirait que ces espèces ne sont dans ces régions que la continuation d'espèces préexistantes ou de races appropriées. Qu'on se détrompe : lorsque Colomb découvrit l'Amérique, ni chevaux ni bêtes à cornes n'y étaient encore connus; et, chose à peine croyable, en regard des chiffres actuels, ce sont les conquérants espagnols qui en apportèrent, il y a trois siècles à peine, les premiers individus.

Aussi le type de ces animaux n'est assurément pas ce que l'on connaît de mieux, et aux qualités vraies qui les distinguent, sans doute, il y aurait certainement beaucoup à ajouter. C'est ce qu'ont enfin compris quelques éleveurs du Sud, qui, jaloux d'en faire la preuve, ont pris sur eux de faire arriver à grands frais des étalons anglais et des taureaux du Durham. Ceux-ci n'ont pas tardé à donner de jolis produits et semblent sous peu destinés à renouveler complétement les races d'Amérique.

Quoique vivant où bon leur semble sur les vastes terrains qui leur sont affectés, cependant ces animaux ne sont pas tellement livrés à l'abandon qu'on n'ait sur eux aucune action. Aux confins de chaque propriété s'élèvent des cabanes (*puestos*) habitées par de pauvres diables (*posteros*) dont la charge, d'ailleurs faiblement rétribuée, est de veiller à ce que les bêtes ne s'écartent pas trop des limites qu'elles ne peuvent connaître, et de les empêcher, par conséquent, d'aller vaguer chez le voisin. Ils doivent donc, matin et soir, s'appliquer à faire converger vers le centre les bêtes de leur circonscription, quelquefois même aller les reconnaître et les reprendre dans les prairies voisines, chose, du reste plus simple, qu'il ne paraît à première vue, la propriété, là-bas, s'affirmant par une marque au fer rouge que chacun des animaux porte imprimée sur la cuisse gauche.

Enfin, les troupeaux tout entiers sont, en maintes circonstances, réunis et travaillés. De ces intéressants et multiples travaux, je dirai bientôt quelques mots ; mais, tout d'abord, pour procéder par ordre et me faire mieux suivre du lecteur, je vais l'introduire dans une *estancia* et lui montrer de quoi se compose une propriété d'élevage, le personnel qu'elle emploie, les soins qu'elle exige et la vie qu'on y mène : je citerai aussi quelques chiffres de nature à faire connaître l'importance des affaires qui s'y traitent et le profit qu'en peut recueillir un administrateur intelligent.

J'ai dit ce qu'au Brésil on entendait par *fazenda* ; ici le mot *estancia,* littéralement : « séjour, demeure », s'applique aussi à la propriété globale, et comprend par conséquent le terrain, les troupeaux, les bâtiments, les instruments d'exploitation.

L'éleveur (*estanciero*) habite d'ordinaire au centre même de ses prairies, qui ne mesurent guère moins de deux ou trois lieues carrées d'étendue moyenne ; et, une fois pour toutes, disons que la lieue de ces contrées est de cinq kilomètres et une petite fraction.

Les bâtiments sont vastes, simples, sans étage, presque toujours entourés d'une petite véranda et d'un hectare ou deux de jardins clôturés. On y cultive quelques fruits et légumes, parfois aussi un carré de luzerne.

Attenant à l'habitation du maître, est celle de

son *capataz,* intendant, tête maîtresse de l'établissement, conducteur de tous les travaux, autorité suprême, cavalier consommé, intelligence d'élite dans sa partie, type curieux entre tous.

Puis vient la série des *galpons,* hangars où l'on entasse tour à tour les cuirs, les laines, etc., et, sur le terrain immédiatement adjacent, plusieurs enceintes formées de palissades, et appelées *corrales,* où se font divers travaux et où se parquent les animaux dont on attend un service immédiat.

Le reste des chevaux et des troupeaux est répandu dans la propriété, où l'habitude les répartit en petites troupes qui ne se mélangent jamais.

On compte généralement qu'une lieue carrée de prairies, soit environ cinq mille hectares, doit entretenir trois à quatre mille têtes de gros bétail et huit à dix mille moutons, nombre cependant relatif, car il varie suivant la richesse du terrain, et dans beaucoup de grands établissements l'éleveur ignore, à mille près, le chiffre de ses bêtes.

Le personnel ordinaire d'une *estancia* se borne, en somme, à bien peu de monde. Il y a d'abord l'*estanciero,* qui aide à tous les travaux; ensuite le *capataz* et sa famille, s'il en a : sous ses or dres, trois ou quatre *peones*, domestiques chargés, avec huit ou dix chiens, de travailler le bétail; enfin, les *posteros*, qui courent la plaine, les limites, et vont à la recherche des animaux égarés ou morts. Ces derniers deviennent moins utiles si, comme l'usage s'en répand, l'éleveur a fait la dépense de clore sa propriété d'une enceinte de pieux reliés entre eux par deux ou trois fils de laiton (*alhambrados*).

Quoique souvent insuffisante pour retenir les chevaux, cette clôture est une de ces dépenses utiles qui se retrouvent bientôt en économie de temps, de soins, d'hommes et de bêtes; encore faut-il de temps en temps en faire minutieusement le tour, pour s'assurer si le bétail, ou plus souvent encore la malveillance, n'a pas coupé le fil protecteur.

Enfin, comme dépense dernière, si la propriété n'est arrosée d'aucune rivière ni traversée d'aucun cours d'eau, l'*estanciero* devra se livrer à des travaux de canalisation qui lui permettent, en certains endroits, de retenir les eaux en forme d'abreuvoir (*tacamares*).

8

XII

INDUSTRIE PASTORALE DANS LA PAMPA

(*a*) Le cheval. — Son utilité, son type, ses qualités. — *Manadas* et *tropillas*. — Le dressage. — (*b*) Le mouton. — Avantages, inconvénients. — (*c*) Le bétail. — Son origine. — Son emploi. — Son prix. — Son rendement.

L'industrie, dans la *pampa,* s'exerce sur les chevaux, les moutons et le bétail.

Le cheval n'est certes pas le grand objet de rapport d'une *estancia;* cependant il convient d'en parler tout d'abord, car c'est l'auxiliaire obligé de tous les travaux qui s'y font, et les services que rend ce précieux animal ne sauraient se taxer dans un pays où les distances sont énormes et où le bétail, presque sauvage, est intraitable à pied.

La race est andalouse, un peu croisée d'arabe;

pour le modèle, il laisse beaucoup à désirer. Quant aux formes, le cheval semble plutôt avoir dégénéré sur le sol d'Amérique : il y est fluet, de petite taille, et porte une tête assez grossière, généralement mal attachée sur une trop courte encolure. Mais, à côté de cela, de remarquables qualités, que lui donne sans doute sa vie indépendante et libre, le placent au-dessus de tous ses frères connus. Il a pour lui la vitesse, la résistance, la souplesse. On n'en prend aucun soin, et lui-même pourvoit à son peu de besoins. Sans peine, sans souffrance, il fournit, quand on veut, des courses de vingt et trente lieues par jour, tout en se passant ces jours-là, s'il le faut, de toute nourriture. Doit-il, de grand matin, servir à quelque pénible travail? il est, la veille au soir et pendant toute la nuit, attaché, souvent tout sellé, au *palenque,* ou poteau à ce destiné. Jamais on ne l'étrille; et tel qu'il est, son service achevé, on le rend à la liberté. Bref, c'est une excellente bête ; et le peu d'attentions dont il est ici l'objet fait peine à ceux qui, comme nous, aiment à entourer de soins cet utile et noble animal.

Sous peine de ridicule, un caprice bizarre interdit complétement de monter les juments.

Celles-ci ne servent jamais qu'à la reproduction et vont, leur temps fini, droit à l'équarrisseur. Aussi leur prix est presque dérisoire; et tandis qu'un cheval dressé peut valoir jusqu'à deux cents francs, il est rare qu'une jument dépasse le prix de trente francs.

Les juments vivent par troupes de dix à vingt, sous la conduite d'un étalon, tandis qu'une jument, appelée *madrina* (marraine) et portant une cloche au cou, conduit d'égales troupes de chevaux ; les premières s'appellent *manadas;* les secondes, *tropillas.*

Lorsqu'on voyage, on prend toute une *tropilla.* Les chevaux non montés sont, avec la jument, chassés en liberté vers le but du voyage. Quand le besoin s'en fait sentir, on prend des chevaux frais; ceux qui quittent la selle rentrent dans la *tropilla,* et l'on repart, toujours au galop, la seule allure que connaissent les chevaux de la *pampa;* car ils n'ont guère de pas, et leur trot n'est qu'une sorte de mauvais traquenard qui fatigue sans faire avancer [1] ; par contre, ils soutiennent le galop aussi longtemps que peut le

[1] Les chevaux qu'on forme au trot sont rares, peu utiles et considérés comme de luxe. Leur prix s'en ressent naturellement.

soutenir le cavalier lui-même, et leur pied, qu'on ne ferre jamais, est aussi sûr dans les prairies qu'hésitant et mauvais sur le pavé des villes.

Quant à leur caractère, pour des bêtes à demi sauvages, il est réellement excellent. Ils semblent vraiment fiers de porter le cavalier, n'ont peur de rien et passent à travers tout. Sans doute ils ont parfois des accès de gaieté, mais il y a chez eux absence totale de mauvais vices. Au montoir seulement, ils sont tous difficiles; mais c'est sans doute en souvenir des scènes brutales de leur dressage; car, pour gagner du temps, on ne leur épargne pas, aux premières heures de leur éducation, les coups et les mauvais traitements. On les dresse bien moins qu'on ne les dompte, et celui qui en fait métier le prouve assez par son nom de dompteur (*domador*).

En effet, deux jours avant la date fixée pour la première épreuve, le cheval à dresser est attaché au *palenque*. On lui donne à boire, mais on lui refuse toute nourriture. Le moment venu, il est jeté à terre, où un *lazo* le retient des quatre membres. On le selle du *rekao*[1]; on lui introduit

---

[1] Sorte de selle arabe en usage dans tout le pays. C'est un montant de bois creux relevé des deux bouts qu'on charge à

8.

de force entre les dents un mors qui pèse souvent près de dix livres, et que maintes ficelles attachent, comprimant la lèvre et les naseaux. Armé d'un casse-tête ou d'une courte cravache (*rebenque*), le dompteur enjambe l'animal et se trouve en selle quand, le *lazo* lâché, celui-ci se redresse d'un bond.

Alors commence entre l'homme et la bête un combat opiniâtre, suivi d'une course folle : le cheval bondit, écume, se secoue; l'homme l'étreint de ses jarrets de fer, le cingle de sa cravache ou l'assomme de coups sur la tête. C'est une lutte sauvage, mais pleine d'intérêt, et dont les acteurs disparaissent bientôt dans la plaine pour rentrer, une ou deux heures après, épuisés, anéantis. Deux séances de ce genre suffisent pour mater le cheval; dès lors, on pourra s'en servir.

Il est heureux que les chevaux de ces pays soient nombreux et d'un prix peu élevé, car le service d'une *estancia* en exige un grand nombre; chacun des hommes qu'elle occupe en emploie de huit à dix; et moi-même, partout où je vins

---

volonté de cuirs et de peaux de monton, le tout relié par de très-fortes sangles.

en séjour, j'en dus choisir au moins cinq ; car je me faisais une fête de prendre part aux principaux travaux ; et, pour les suivre, il m'a fallu souvent, dans la même journée, passer dix heures en selle et monter quatre chevaux différents.

Il n'existe chez ces animaux aucune robe prédominante, et leurs couleurs sont des plus mélangées. Tous ceux dont on se sert sont désignés d'un nom correspondant à leur poil ou à quelque défaut apparent ; et, chose digne de remarque, ceux dont la robe présente le plus bizarre amalgame de nuances sont les plus estimés du peuple *gaucho ;* tant il est vrai que la mode a partout ses caprices, et que les goûts les plus divers ne cessent d'avoir cours ici-bas !

Le mouton fait aussi, depuis quelques années surtout, l'objet de transactions assez suivies et pourrait devenir un jour la source d'importantes richesses. Je n'en dirai toutefois que peu de mots, et cela pour un double motif : le mouton est d'introduction trop récente dans la *pampa* pour qu'on puisse encore bien apprécier son rendement ; de plus, en dépit des fortunes qu'il a faites, les maladies l'ont décimé au point qu'il se manifeste, en ce moment, de la part de ses anciens partisans, une grande hésitation à en développer l'élevage.

Quoi qu'il en soit, sur le sol argentin surtout, quelques éleveurs ont fait de cette industrie une branche spéciale, et j'en sais un qui détenait à lui seul, il y a deux ans, cent quarante mille moutons.

Sans doute ces troupeaux exigent peu de soins et même assez peu de terrain. Ils se reproduisent aisément, et le marché des laines, quoique soumis, il est vrai, à bien plus de fluctuations, est presque aussi important, à Buenos-Ayres, que le fameux marché des cuirs.

Que tout se passe donc régulièrement, que le pays soit tranquille, les saisons normales, l'atmosphère saine et les fléaux absents, je ne sache pas qu'il puisse être pour l'éleveur affaire plus rapide ni rendement plus certain. De grandes revues ont donné à cet égard des chiffres vrais et concluants.

Mais survient la révolution, toujours synonyme de pillage! Les sauterelles s'abattent sur la plaine, rongeant de préférence l'herbe qui convient aux moutons! La peste, les maladies se mettent dans les troupeaux!... Comment chiffrer les morts, et que reste-t-il aux éleveurs de ces bêtes dont le cuir même se ressent le plus souvent de ces derniers fléaux?

Aussi sont-elles rares aujourd'hui les *estancias* où l'on se consacre encore exclusivement à l'élevage du mouton, et cette exploitation n'apparaît pas comme devant de sitôt faire concurrence à celle du bétail. Il est, je le sais, peu de propriétaires qui n'entretiennent au moins un troupeau de ces utiles animaux; mais c'est objet de consommation bien plus que de rapport.

Donc, le grand, le véritable pivot de l'industrie pastorale des *pampas* se trouve être le bétail, et c'est, à ce titre, le sujet que je vais surtout développer.

Il y a trois siècles à peine, environ cinquante ans après leur arrivée sur les steppes de la Plata, les Espagnols, songeant à utiliser de leur mieux ces immenses déserts, y conduisirent huit vaches et un taureau; c'est à ce petit troupeau qu'on doit les millions de bêtes à cornes qui couvrent actuellement la *pampa*. La race, restée longtemps ce qu'elle était au début, a beaucoup gagné récemment au contact des produits anglais, et donnera, dans un avenir prochain, des résultats bien plus avantageux encore.

La reproduction facile de ces animaux à l'état

libre, leur nombre colossal et l'immense consommation qu'en font les *saladeros,* en réduisent singulièrement la valeur et permettent aux petits capitaux de grandes exploitations.

Les *saladeros,* dont je parlerai plus loin, sont ces vastes établissements d'abatage où se préparent les cuirs secs, les viandes salées, les fameux « extraits concentrés », et qui fonctionnent sans relâche durant trois mois de l'année, à raison de huit cents, mille et jusqu'à douze cents victimes par jour.

Sûr de ses débouchés, l'*estanciero* n'a, dès lors, plus qu'un but à poursuivre : mettre en état, pour l'époque voulue, le plus grand nombre de bêtes propres à l'abatage. Pour cela, il s'y prend d'une double façon : tandis que sur une partie de son champ se développe et s'accroît, par le fait de la nature, le troupeau proprement attaché à sa propriété, sur l'autre il place à l'engrais des milliers de bœufs achetés maigres au loin pour être revendus gras au bout de six mois, et cela, généralement, au double du prix d'achat.

Comme cette dernière opération est de loin la plus rapidement lucrative, elle est de loin aussi la plus suivie, et cela au détriment de l'élevage proprement dit (*criada*), dont on se donne à peine encore le temps de s'occuper. Ainsi, quand la question d'argent se trouve en jeu, l'homme court toujours au plus pressé et ne songe qu'au temps présent. Cependant, il me semble qu'ici l'éleveur oublie que le profit rapide d'aujourd'hui lui sera compté à perte et retard demain, lorsqu'il lui faudra forcément songer à reconstituer des troupeaux producteurs.

Petit ou grand pris dans la masse, l'animal maigre vaut environ six piastres (30 fr.) ; gras, il se vend dix ou douze piastres (50 ou 60 fr.) aux employés des *saladeros*. On comprend que la perspective de gagner ainsi près de 100 pour 100 dans un espace de six mois, et cela par le seul fait du séjour sur son champ d'un troupeau réellement de passage, tente vivement un propriétaire. On le comprendra mieux encore lorsqu'on saura que les frais généraux d'une *estancia,* les besoins de la vie, les pertes même qui peuvent survenir, comptent à peine en déduction de cet immense bénéfice, pour une proportion moyenne de 20 pour 100 ; en effet, cette fois du moins, l'éleveur, en cas de peste ou d'autres fléaux, conserve le cuir de l'animal, soit au moins le tiers de sa valeur, le cuir représentant quatre piastres (20 fr.). Reste le prix d'achat ou de location des bâtiments et des prairies, qui, largement calculé, donnera encore, au pis aller, et toujours en moyenne, un décompte de 50 pour 100. Et l'on arrive ainsi pour le seul bétail, dans une *estancia,* à un rendement fixe d'environ 30 pour 100 pour l'éleveur intelligent.

Il y a, je le sais, parmi les mauvais jours, les temps de révolution qui servent trop souvent de prétexte au ravage des animaux; mais il y a, d'autre part, des années étrangement prospères qui doublent les profits que je viens de citer, en permettant de livrer deux fois au lieu d'une des troupeaux gras aux *saladeros.*

Ces immenses troupeaux, quelque service qu'on en attende, demandent à être constamment réunis, travaillés; et c'est ici que se révèlent le caractère et les aptitudes spéciales du peuple *gaucho.*

XIII

LES GAUCHOS

Portrait du *gaucho*. — Son costume. — Instruments de travail : le *lazo*, les *bolas*. — Mœurs et coutumes des *gauchos*. — Le *mate*. — Travail des animaux : le *rodeo*, la *marca*. — Courses et jeux. — Les *gauchos* à cheval. — Leur salaire.

Le *gaucho*[1] est un type si plein d'originalité qu'il convient de l'esquisser à grands traits.

Plus Indien qu'Espagnol, c'est un homme à la haute stature, à la face anguleuse, au teint bronzé, à la longue chevelure noire non moins rude qu'épaisse. Solidement établi sur des membres d'acier, il accuse une force qu'il sait prouver à l'occasion. S'il est cavalier de naissance, entreprenant, souple, agile comme un Indien, il trahit son sang espagnol, non-seule-

[1] Prononcez « gaoutcho ».

ment par la grâce qui distingue jusqu'à ses moindres mouvements, mais encore et surtout par sa fierté, sa jactance, son caractère indépendant. Il est sobre, et cependant irascible, vindicatif, paresseux et joueur. S'il déploie à cheval une activité quelquefois dévorante au travail, c'est que ce travail est aussi sa passion. A cheval, il défierait le monde; sa bête, qu'il soigne si peu, il s'applique à la surcharger de cuirs tressés ou travaillés et d'ornements d'argent : en effet, l'étrier est d'argent massif; la cravache, la bride, la selle étincellent du même métal; c'est son luxe suprême; il se ruine pour y arriver.

Son costume, également coquet, témoigne d'une certaine recherche. La pièce principale en est le *poncho*, sorte de tunique sans manches faite de laine de guanaque, aux tons invariablement jaunes, tranchant sur le pantalon blanc flottant et la botte du cuir le plus fin. Le *gaucho* a de plus un chapeau de feutre mou orné d'un foulard en soie de couleur vive, une ceinture aux amulettes d'argent, une courte cravache et de gigantesques éperons. Il a toujours en bouche une petite fleur des champs ou bien la cigarette, qu'il allume au galop et roule habilement d'une main. Comme accessoire, sur son dos et incliné par le travers de sa ceinture de cuir, brille un large couteau-poignard, arme redoutable qu'il ne quitte jamais, et qui lui sert aussi bien, à l'occasion, de cure-dents que d'instrument de travail ou même de vengeance.

Au flanc droit de son cheval et solidement fixé à un anneau de la selle, se balance, roulé, prêt à être lancé, le fameux *lazo* de cuir tressé qu'il manie avec tant de dextérité. Du côté opposé, pend un autre instrument de travail appelé les *bolas*. Cet engin se compose de trois petites lanières de cuir nouées ensemble par une extrémité et terminées de l'autre par trois boules; deux sont de bois; la troisième est de fer. Le *gaucho*, prenant celle-ci dans la main, fait vivement tourner au-dessus de sa tête cette fronde d'un nouveau genre et la lance vigoureusement dans les jambes de l'animal qu'il poursuit. Le but atteint, les boules se croisent, les cuirs s'enchevêtrent, se resserrent, et la bête doit tomber. C'est primitif, sauvage, si l'on veut, mais infaillible; toutefois, comme ce mode de capture d'un animal quelconque amène souvent par sa violence la rupture de l'un de ses membres, on ne l'emploie que rarement et dans des cas déterminés

Le *gaucho* habite dans la plaine une triste masure, délabrée, faite de bois, de chaume et de boue. Il y vit avec sa famille; car si, faute de moyens ou par indifférence, il se marie rarement, il a cependant le plus souvent une femme à laquelle il reste fidèle et des enfants qu'il élève et qu'il dresse de bonne heure à monter à cheval et à le seconder dans ses travaux.

Quoique les traits durcis à l'air de la *pampa*, les femmes conservent généralement un cachet de beauté sévère. Elles sont également habiles écuyères, montent à califourchon, aiment à braver le danger; mais elles répugnent au travail, et l'oisiveté achève d'assombrir le foyer de ces familles souvent assez nombreuses.

En dehors des heures de travail, ces malheureux, sous leur toit enfumé, perdent un temps indéfini, assis sur leurs talons, à sucer le *maté*. C'est ainsi qu'on désigne une sorte de thé ou infusion d'une herbe du Paraguay, la *yerba mate*. On le sert dans une petite courge, et il s'aspire au travers d'une *bombilla* ou tube de métal. Dans les familles, ce petit récipient est le plus souvent unique; il passe alors de main en main et circule à la ronde.

L'usage du *maté* est des plus répandus. Il existe même, dans ces pays, tout un code de politesse réglant minutieusement la façon de l'accepter et de s'en servir; et l'étranger, sous peine de blesser les gens chez lesquels il arrive, doit s'y conformer en tout point.

Ainsi, je suppose que vous soyez en visite ou que vous alliez vous reposer dans un de ces intérieurs où croupit toute une famille : tous se lèvent, vous saluent, vous font mille compliments et ne reprennent leur place au foyer que quand vous-même les en avez priés. Une jeune fille, cependant, prépare le *maté* et vous l'offre aussitôt, souriante et timide. N'allez pas le refuser; elle en aurait le cœur gros; mais dites-lui avec un sourire : « Grand merci, belle enfant, il est en trop bonnes mains. — Moins bonnes que les vôtres », vous répondra-t-elle à son tour en vous abandonnant, cette fois, le *maté*. Il est de bon ton alors de la prier d'amorcer elle-même la *bombilla*. Dans tous les cas, vous devez maintenant porter l'instrument à vos lèvres et en aspirer gravement le contenu. Cependant, immobile et debout à vos côtés, la jeune fille vous regarde et paraît vous attendre. Rendez-lui le *maté;* mais, si vous le trouvez bon et que vous tenez tant soit peu à ce que plus tard revienne votre tour, gardez-vous bien de remercier, ce fait équivalant au refus d'en reprendre. Dites-lui donc : « C'est exquis », « Vous êtes une petite fée », ou autres riens du même genre, mais pas : « Merci », ce serait fini pour la journée.

Après avoir parlé séparément des hommes et des bêtes, je vais les montrer dans leurs rapports communs, en retraçant quelques-uns de ces mille travaux que comporte une *estancia*.

Le fond de tout travail ou plutôt le travail préparatoire à tout autre consiste à réunir en un point donné de la plaine quelques milliers d'animaux, puis à empêcher cette masse une fois groupée de se débander ou de fuir durant le temps nécessaire à l'accomplissement du travail projeté. Dans ce but, les mêmes cavaliers, qui, au triple galop, ont pourchassé le bétail vers ce centre commun, en font sans cesse le tour et le maintiennent en place, eux et leurs chiens.

Cette double opération se désigne sous le nom de *rodeo*, qui manque malheureusement d'équivalent français. On comprendra combien de fois elle a lieu quand on saura qu'elle peut avoir indifféremment pour motif de faciliter l'engrais des animaux en les faisant courir et changer de pâturages, comme aussi de les compter, les trier, les marquer, les vendre, en tuer, faire des bœufs, ramener des laitières, séparer les veaux de leurs mères ou les tuer tout jeunes pour faire engraisser ces dernières ; enfin, former ces grandes troupes qu'on livre aux *saladeros*.

Cette réunion des animaux est un travail rempli d'intérêt et d'attrait : c'est une vraie chasse à courre que jamais je n'ai suivie sans émotions profondes, et dont je conserve encore les plus vivants souvenirs. Aussi n'aurais-je eu garde de n'être point au poste un jour de *rodeo!* J'étais, comme tout le monde, à cheval une heure au moins avant le lever du jour, et, comme un simple *peon,* je faisais ma part du travail, ramenant au point fixé tout ce que je trouvais en route sur le rayon qui m'était assigné.

Il fallait parfois, je m'en souviens, jouer brutalement de la cravache ou de l'éperon, faire des voltes insensées, franchir des obstacles immenses, parfois aussi faire lever de force des bêtes paresseuses, éviter brusquement des attaques soudaines, batailler avec un taureau, charger un animal qui désertait le groupe; bref, opérer le plus vivement possible, chacun naturellement se piquant d'arriver premier au rendez-vous. Je me vois encore ramenant, sous le vent, la poussière ou un soleil ardent, des troupes entières lancées à un galop furieux; j'étais baigné de sueur, aveuglé de sable, exténué de fatigue; mais je ne songeais qu'au but et j'empruntais à l'excitation du moment une force factice et une vigueur inconnue.

C'est un joli moment que celui de l'arrivée des bêtes au rendez-vous, et il fait bon s'y trouver de bonne heure : on voit alors, de tous les points de l'horizon, accourir l'un vers l'autre des troupeaux mugissants : c'est une galopade insensée, un incroyable tumulte, qu'augmentent encore la grosse voix des chiens et les cris perçants des Indiens.

Le point de rencontre est fixe, d'habitude, afin de former à la longue les mêmes animaux à s'y rendre. Il occupe de préférence le sommet d'une petite colline. Là, sur un long espace circulaire, la terre, si souvent foulée, est à nu, labourée. Les animaux se mélangent, beuglent, se battent, agitent follement la corne, et le sabot; mais ils sont contenus par les cavaliers et leurs chiens qui tournent constamment à l'entour du troupeau, et le travail commence.

Je suppose, par exemple, qu'on veuille simplement prendre et tuer un petit nombre de bêtes : trois cavaliers, serrés l'un contre l'autre, s'insinuent dans le groupe, se font jour au travers et chassent hors du troupeau les victimes choisies. On les galope, on les prend au *lazo,* on les abat, on les écorche sur place. C'est l'affaire d'un instant ; puis les hommes chargent en croupe, les uns, les cuirs fumants, les autres, des quartiers de chair encore palpitante; les chiens se disputent quelques restes épars, et les oiseaux de proie achèvent de nettoyer le terrain, tandis que, aussitôt relâché, le reste du troupeau regagne en toute hâte ses pâturages préférés.

Mais prenons qu'il s'agisse d'un animal méchant et qu'on ait à lui faire subir l'une ou l'autre mutilation, ce travail présentera de plus sérieuses difficultés : en effet, il faudra jeter à terre le taureau, l'y maintenir et surtout s'en garer quand, subitement remis en liberté, il se relèvera furieux et prêt à se venger.

C'est ici que se révèlent surtout l'étrange audace du *gaucho,* son excessive souplesse et sa grande habileté à manier le *lazo.*

Que de péripéties souvent avant que le nœud coulant enserre le cou d'un animal qui se défend ! Quelles courses s'il veut fuir ! Quelles voltes s'il se dérobe, se retourne ou menace ! Quels efforts s'il prétend rentrer dans le troupeau ! Que d'inutiles essais! Que de coups de *lazo* portés sans résultat! Et, pour comble de peine, on se rit des malheureux qui ne parviennent pas tout de suite à se rendre maîtres du taureau. Le *capataz*, qui, du haut de sa selle, suit le travail d'un œil de maître et de connaisseur, envoie de nouveaux *peones*, qui fort souvent ne réussissent pas mieux. Alors il fait un geste imposant; il rappelle, il écarte ses gens. C'est dire qu'il va se charger lui-même d'en finir, et, de fait, lui ne manque jamais un coup de *lazo*, ou du moins ainsi le prétend sa vanité professionnelle [1].

La lutte s'engage, et le taureau le plus souvent est pris par un coup de maître de cette habile main. Mais ce n'est pas tout; et se figure-t-on bien ce qu'il faut, à ce moment, de sang-froid et d'adresse pour arrêter vivement et retourner sa monture afin qu'elle puisse trouver un point d'appui pour résister à la secousse? Comprend-on ce qu'il faut qu'un homme déploie de force pour maintenir un cheval dans cette position, en dépit des efforts, des bonds affolés du taureau?

Les *peones* accourent : l'un d'eux vient par

[1] Je sais un *capataz* qui, renvoyé d'une *estancia* pour le seul fait d'avoir manqué trois coups de *lazo* consécutifs, eut toutes les peines du monde à se replacer.

derrière et lance son *lazo* dans les jambes de la bête, qui tombe et qu'il maintient au sol en s'écartant; un autre saute à terre, rougit de sang son coutelas, enlève le premier nœud coulant des cornes du taureau, et d'un bond se remet en selle. L'animal, que rien ne retient plus désormais, se relève en colère, dégage ses pieds du second nœud et fond sur ses bourreaux. C'est alors un sauve-qui-peut général prêtant parfois à des scènes grotesques ou à de curieux incidents.

D'autres travaux, comme celui de la marque (*marca*), se font dans les *corrales,* c'est-à-dire en champ clos, dans ces enceintes réservées situées tout autour de l'*estancia* proprement dite.

C'est une grosse affaire que d'imposer sa marque sur un troupeau tout entier; cependant, cette opération doit se faire, soit qu'on achète une troupe nouvelle, soit qu'on vende des animaux. En effet, la marque seule affirme la propriété; et l'animal, changeant de main, doit recevoir, avec la marque du nouveau maître, la contre-marque de l'ancien. Ainsi le veut la loi : deux mêmes marques se détruisent, et chaque éleveur a la sienne qui ne ressemble à nulle autre, qui est sa propriété exclusive, inviolable, et, comme telle, inscrite au cadastre. Il en résulte, pour les animaux qui font l'objet de transactions fréquentes, une telle série d'hiéroglyphes provenant d'impressions au fer rouge, que leur cuir en sera souvent déprécié.

L'opération de la marque exige beaucoup de monde, et l'on réclame à cet effet le concours des *peones* du voisinage. Des cavaliers poussent les animaux aux divers *corrales ;* dans l'un d'eux on leur jette le *lazo,* dans l'autre on les culbute et on les place sur le flanc droit pour les marquer sur la cuisse gauche ; ils sont enfin lâchés dans un troisième. Tout cela se fait très-vivement, et ce spectacle, pour être un peu brutal, n'en est pas moins intéressant.

Cette grande réunion de monde donne à l'*estancia* une animation toute nouvelle, et, le travail fini, de grandes fêtes commencent. Les courses de chevaux en font principalement les frais ; on se défie, on parie, et l'on part au galop. Ici, point de faux départs ; les concurrents galopent quelques instants de front et se mettent d'accord à un moment donné, en s'écriant : « *Vamos !* » (Allons !) C'est le signal : la course est assez longue, nos *gauchos* la mènent rondement, et leurs pauvres chevaux s'en ressentent longtemps ; mais qu'importe ! le vainqueur n'est-il pas chaudement acclamé et n'a-t-il pas dûment gagné les jetons que ses concurrents viennent de toucher pour prix de leur travail du jour?

L'*estanciero* favorise ces fêtes, et il y met généralement du sien. S'il ne court pas lui-même, il donne des prix de courses, organise des concours, excite l'émulation. Il a tout intérêt à ce que chez lui les gens s'amusent et soient contents ; car il est bon de s'attacher, dans ces pays vides de bras, ceux dont en maintes circonstances on ne pourrait que difficilement se passer.

Ainsi c'est encore lui qui, le travail des *peones* terminé, leur abandonne une de ses bêtes pour servir à la confection de leur plat favori, l'*asado con cuero,* qui consiste à découper de la bête les chairs avec le cuir, puis à faire rôtir le tout sur des charbons. Le cuir sert de marmite, et la viande, ainsi traitée, conserve tout son jus. C'est bon : je puis le dire pour y avoir goûté ; mais on comprend que cette façon d'entendre la cuisine est un luxe que la valeur des cuirs ne peut autoriser souvent. Quant à la viande elle-même, elle vaut infiniment peu de chose, et il s'en fait dans ces lointains pays une triste profanation.

Dans ces réunions de *gauchos* se pratique encore un autre jeu ou, pour mieux dire, un exercice violent d'un autre genre qui mérite d'être cité pour sa piquante originalité. Il faut, pour s'y livrer, toute l'audace de l'Indien, comme il faut toute sa souplesse pour ne s'y point rompre les os. Tandis que, monté sur un vieux cheval qui ne convient plus guère qu'à ce service étrange, un *peon* fait son petit temps de galop, un autre, au passage du cheval, lui jette un *lazo* dans les jambes. Naturellement la bête fait le panache : or, il faut que l'homme, les rênes en main, arrive à terre gracieusement et debout. C'est à peine croyable; mais la plupart le réussissent, et j'en ai vu le faire en plein travail, quand leurs chevaux, surpris par quelque obstacle, venaient à s'abattre sous eux.

Étranges gens! leur adresse passe souvent l'imagination, et bon nombre d'entre eux, dans la troupe d'un cirque, feraient courir toute une population! Ils brillent surtout à cheval. Leur position n'a peut-être pas l'élégance de celle qu'on nous enseigne ici dans les manéges, mais de combien n'est-elle pas plus vraie? En effet, ils montent tout à fait droit, et, de la cuisse au talon, adhèrent à leurs montures; mais aussi, de ces montures, ils font tout ce qu'ils veulent et n'en connaissent point de force à leur faire vider les arçons. A cheval, que ne font-ils point? Ils ouvrent avec le pied des barrières tombantes; ils passent une rivière sur un tronc renversé; ils portent avec aisance, et sans modifier pour cela leur allure, des bancs, des poutres, des tonneaux; j'en ai vu ramener sur le pommau de leur selle des veaux déjà d'un certain âge auxquels l'équitation devait sembler chose bizarre.

Le salaire de gens aussi indispensables, aussi rares que le sont là-bas les *gauchos* travailleurs, ne semble pas se trouver à la hauteur des services qu'ils rendent dans un pays où l'argent a d'ailleurs si peu de valeur. Tous sans doute sont logés, nourris, et reçoivent des rations de *yerba* (*maté*) et de farine ou de biscuit, mais, en espèces, après tout peu de chose. Le *capataz,* sur qui reposent la conduite, la direction et conséquemment aussi la responsabilité de l'exploitation tout entière, ne touche ordinairement par mois que quarante-cinq piastres (225 fr.), et les *peones* ordinaires, quinze piastres (75 fr.). A ceux qui viennent aider à un travail, on donne, suivant la nature même et l'importance de ce travail, deux ou trois piastres par jour.

Cependant nul ne songe à se plaindre. Vivant de rien, d'humeur accommodante et insouciant de caractère, le *gaucho* semble heureux de son sort. Certes, l'envie est son moindre défaut. Dans les questions d'argent, il est même chatouilleux à l'excès : quelque misérable qu'il soit, il n'accept jamais rien sous forme de gratification, et se ble se facilement d'une offre de ce genre.

XIV

CHASSES DANS LA PAMPA

La chasse et la pêche. — Un poisson entre mille. — Façon de chasser. — Gibiers divers. — La chasse à cheval et ses péripéties. — L'autruche et ses mœurs. — Chasse à l'autruche. — Le cerf des prairies. — Chasse au petit hippopotame. — Un chat-tigre. — Les mirages dans la *pampa*. — Les vers luisants.

Pour l'éleveur perdu dans ses immenses plaines, pour celui qui vit seul au milieu de son bien ou que l'étendue de sa propriété prive de tout proche voisinage, c'est un plaisir réel que de recevoir l'étranger. Aussi lui fait-il bon accueil, et, s'efforçant de lui rendre agréables les jours qu'il passe sous son toit, il cherche à le retenir le plus de temps qu'il peut.

De son côté, mis au courant de tout ce qui

peut l'intéresser, rapidement initié aux ressources de l'*estancia* et pourvu de plus de chevaux qu'il ne peut en monter, le visiteur est vite acclimaté. Entre son hôte et lui, des amitiés se forment : il prend part aux travaux, se croit de la maison et, fatalement, oublie le jour prévu de son départ. Lorsque arrive cependant l'extrême limite de son séjour, c'est presque le cœur gros qu'il s'apprête au voyage. Deux chevaux sont sellés, l'un pour lui, l'autre pour un « page ». Ce dernier est le *peon* chargé de le mener chez un éleveur voisin ; il porte une lettre de son maître qui doit décider celui-ci à renouveler pour le nouveau venu l'accueil et les soins qu'il lui a prodigués lui-même ; et le voyageur retrouve, à vingt ou trente lieues de distance, les charmes de cette vie facile, intéressante et large qu'il ne pourrait assez goûter. C'est ainsi que, d'étape en étape, j'ai parcouru, durant des mois entiers, la petite république orientale de l'Uruguay.

Pour charmer les loisirs du séjour aux *estancias,* pour en varier surtout les distractions, il y a la chasse et la pêche. Il faut dire que le pays se prête merveilleusement à ces deux genres de sport ; car, tandis que les prairies regorgent de gibier, des poissons de taille et d'espèces variées fourmillent dans chaque rivière : l'eau en est grasse au point d'altérer la fraîcheur et le plaisir du bain.

Personnellement, la pêche me tente peu; la chasse est plutôt ma passion; mais j'ai vu prendre sous mes yeux des bêtes énormes qui, dormant à fleur d'eau, semblaient appeler la ligne ou l'épervier. Moi-même, j'en tuai plus d'une au revolver.

Tous ces échantillons de la faune des eaux, au classement desquels je n'entends certes rien, sont indistinctement propres à la consommation et flattent également le goût sous la friture. Ici, les plus petits ne sont pas toujours les meilleurs; jugez-en.

Un jour nous nous trouvions, l'un de mes amis et moi, les hôtes d'une *estancia* tenue par d'aimables Français. Nous menions bonne vie, et nous chassions, je dois l'avouer, autant pour rehausser le menu de nos festins que pour suivre un penchant purement cynégétique. Gastronomiquement parlant, Louis, le domestique que nous avions emmené, nous complétait par ses goûts de pêche auxquels il sacrifiait le plus clair de son temps. C'était dans cette partie un sujet fort habile, et depuis quelque temps déjà il nous faisait d'excellents plats : or, un soir vint se prendre à sa ligne un monstre qui faillit l'attirer dans son élément.

C'était un superbe animal dont je n'ai pu savoir le véritable nom. Il pesait près de dix-huit kilogrammes ; son dos était armé d'une scie redoutable, et empoisonnée, nous dit-on. Il nous parut tenir follement à la vie, car, bien que traîné à l'*estancia* sur un espace de trois kilomètres environ, il exécutait encore à l'arrivée les mêmes bonds qu'au départ, et nous ne pûmes qu'à coups de hache séparer son horrible tête de ce tronc vigoureux. Eh bien, le croirait-on ? sa chair était d'un goût exquis et fut, trois jours durant, le mets recherché de notre table.

La chasse est également productive et curieuse. Prenez un chien, partez, promenez vos loisirs à cheval dans les hautes herbes, à pied dans les marais ; il vous faudra bien peu d'instants pour éventer quelque gibier.

Je ne parlerai pas des perdrix, si nombreuses qu'à peine les estime-t-on là-bas à la valeur du coup de fusil ; elles diffèrent des nôtres, ne vont jamais en compagnie, mais deux à deux, se lèvent en poussant un petit cri ; leur chair est sèche et d'un goût peu délicat.

Je ne m'occuperai pas davantage du gibier d'eau, qui abonde partout, cette chasse n'offrant ici rien de curieux à noter, à cela près, peut-être, qu'il est original de poursuivre au galop et de relever jusqu'à cinq ou six fois un même vol de canards, et que leurs variétés d'espèces sont infinies.

Je ne citerai également que pour mémoire la grosse perdrix ou poule des prairies, espèce de faisan dont la chair est exquise et qu'on poursuit avec ardeur.

Mais les prairies renferment également des autruches, des renards, des *venados* tenant du chevreuil et du cerf; les rivières contiennent de curieux amphibies, et les petits bois, que sillonnent çà et là des cours d'eau, abritent parfois l'once ou le tigre, ou du moins le chat-tigre.

La chasse à cheval dans les hautes herbes a cela de particulier que l'imprévu y est de tous les instants et que tout à coup surgissent devant vous des animaux dont rien n'accusait la présence. Mais imprudent celui qui, comme moi, aime à s'y livrer seul. Voyez que d'aventures.

La fougue, je suppose, vous entraîne sur les

pas d'un renard ou d'un cerf; c'est un galop furieux. Tout à coup, le cheval s'arrête brusquement; il chancelle, il s'enfonce. Graduellement vous le sentez fléchir. Prenez garde : c'est un marais que rien assurément ne faisait pressentir.

Un *gaucho* peut-être, au reflet de certains joncs, aurait constaté sa présence; pour vous, c'est autre chose. Il faut cependant en sortir; mais comment? En mettant pied à terre, vous enfoncerez vous-même; le danger vous entoure : une minute d'hésitation, un faux mouvement sur votre selle peut décider de votre sort. Hâtez-vous donc de calmer votre bête : elle se sent prise, elle a peur : voyez comme elle tremble! Parlez-lui donc, excitez-la doucement; elle va faire un effort : à vous tout aussitôt de la rejeter brusquement en arrière.

Une autre fois, seul encore, sans but déterminé, chassant à l'aventure, vous galopez mollement à deux lieues de l'habitation. Votre cheval est sage, et vous marchez sans défiance. Vous rêvez : vous songez au bonheur de vivre, à la patrie absente, aux amis, au foyer... et voilà qu'une autruche couveuse se dresse au nez de votre bête, poussant un cri sinistre et déployant ses longues ailes. Le cheval bondit, affolé, tandis qu'embarrassé par votre fusil, vos cartouches et l'attirail de chasse que vous n'êtes guère encore habitué à manœuvrer en selle, vous videz les arçons. Tomber sur un tapis de gazon, c'est peu de chose assurément ; mais l'agréable surprise de voir, en se relevant, le cheval déjà loin ! Le malheureux ! il n'a garde d'attendre ; et bondissant joyeux d'une liberté soudainement reconquise, il part en droite et va promener selle et bride au sein de sa *tropilla*. Faites deux lieues maintenant à travers les grands joncs, les cactus, les chardons ; mais évitez le bétail, car il méprise l'homme à pied... Voyez plutôt.

Chassant un jour aux environs de la cabane d'un *postero,* je découvre un beau vol de grandes bécassines. Je mets pied à terre, j'entrave mon cheval. Mon chien mène la chasse avec une ardeur qui me gagne, et nous voilà partis droit devant nous. Bientôt j'entends derrière moi comme un galop serré : ce sont deux vaches et un taureau qui me chargent. Je fuis d'abord ; ils me poursuivent ; je me retourne et je vise : je les crible de plomb ; mais ce procédé sommaire ne produit d'autre effet que d'exciter leur fureur. Je reprends alors ma course de plus belle... et,

Dieu merci ! j'arrive, épuisé, haletant, à la maison du *postero*.

Parmi les différentes chasses auxquelles je me livrais sans relâche, celle de l'autruche surtout me passionnait. Cet animal, improprement appelé autruche (*avestruz*), n'atteint jamais la taille de l'autruche d'Afrique; ses plumes n'ont que peu de valeur. C'est plutôt le *casoar;* et si je continue à l'appeler autruche, c'est pour lui conserver le nom qu'on lui donne dans la *pampa*.

Les autruches vivent en petites bandes, généralement par couvées. Le jour, on les voit de loin groupées sur des terrains élevés ou des collines à tête chauve, comme sont ici les endroits de *rodeo*. Tandis que, sentinelle immobile, l'une d'elles fait le guet, les autres vaguent tout autour, fouillant du bec les sables nus ou grattant la terre à loisir. Mais le soir elles recherchent les fonds humides, où elles vont boire et pâturer dans les hautes herbes (*paconales*). Les femelles sont de beaucoup plus nombreuses que les mâles, et les bandes se forment de la façon que voici : les mâles, au printemps, se battent cruellement entre eux, et il en reste plus d'un sur le champ de bataille; car le bec et les pattes donnent à ces oiseaux des instruments terribles de combat. Le vainqueur demeure à la tête d'une bande de cinq ou six femelles; les battus se retirent et se cachent, dit-on, jusqu'à ce qu'ils aient repris de nouvelles forces et se retrouvent en mesure d'attaquer de nouveau.

L'autruche est paresseuse à se construire un nid et se sert volontiers, pour s'en épargner la peine, d'un nid préexistant. Forcée de le construire, elle le fait vaste et sans soins, réunissant pêle-mêle des fragments de bois mort et des touffes épaisses de genêts ou de gazon.

Quand vient l'époque de la ponte, le mâle amène successivement toutes ses femelles au nid. Si l'une d'elles résiste, il use de violence et l'y conduit de force par le cou. Chaque femelle à son tour dépose quelques œufs au nid de la république, ce qui en fait monter le chiffre moyen de douze à vingt; un jour j'en ai compté moi-même trente et un C'est alors le tour du mâle. Chose étrange! tandis que maintenant ces dames folâtrent aux environs, lui-même couve les œufs jusqu'à leur parfaite éclosion, ayant soin, cependant, d'en rejeter du nid quelquefois deux, quelquefois trois; ceux-ci serviront de première nourriture aux petits; et ce n'est pas peu de chose pour qui sait que l'œuf d'autruche a la contenance de treize œufs ordinaires. A l'éclosion des petits, le rôle actif des femelles recommence, et la petite famille, gardée à vue par les mamans, prend ses ébats et circule en tout sens. Ce sont réellement de ravissantes bêtes lorsque, grandes tout au plus comme de petites oies, elles trottinent et culbutent dans les jambes de leurs mères.

Le mâle se distingue de loin par une large bande de plumes noires qui part du haut de la gorge et lui couvre entièrement le cou et la poitrine.

L'agilité de ces bêtes à la course est vraiment étonnante. Elles n'ont que deux allures, le pas et le trot; mais elles font au trot des enjambées énormes et y joignent, en cas de poursuite, le secours de leurs ailes; c'est alors une sorte de troisième allure qu'on pourrait caractériser par le nom de « trot volant ». A cette allure, sous peine d'être forcé lui-même, aucun cheval ne peut les suivre plus de cinq minutes.

Les chasseurs du pays s'efforcent de les surprendre ou de les avoir à portée de leurs terribles *bolas*. Mais il est un autre moyen d'en tuer : c'est la ruse; et voici comment on s'y prend.

Fort semblable, en ce point, à cette moitié du genre humain que le ciel fit trop belle pour l'exempter de tout défaut, l'autruche est avant tout curieuse. La chasse consistera donc à profiter de ce léger travers pour attirer le gibier à portée de carabine, et le chasseur arrivera à tuer ce grand oiseau par un procédé analogue à celui que chez nous, au mois d'octobre, on emploie pour tirer l'alouette au miroir.

On gagne à cheval l'endroit où l'on sait des autruches. On s'en rapproche le plus qu'on peut, en évitant de marcher droit sur elles; car déjà, le cou tendu et les ailes entr'ouvertes, elles semblent s'apprêter à fuir. Tout à coup, on quitte vivement son cheval qu'on entrave, pour ramper à quelque distance, la carabine à la main; puis, caché dans les herbes, on commence une pantomime qui consiste à faire étinceler au soleil le canon de son arme ou à agiter son mouchoir. Les autruches regardent et s'étonnent : l'immobilité du cheval, l'absence surtout du cavalier leur donnent confiance; petit à petit, elles se rapprochent, faisant autour du chasseur qui les guette des cercles concentriques qui bientôt ne mesurent plus que cinquante ou soixante mètres de rayon. C'est le moment : on arme la carabine et l'on tire des balles dont la dernière, tout au moins, portera, car, tant qu'aucune n'a touché, la bande ne s'écarte pas.

Le *venado* peut aussi se chasser à courre; mais il est également fort agile. Pour le tuer, il vaut mieux s'embusquer dans les herbes, se le faire rabattre par quelques cavaliers et le tirer au passage.

Ce gracieux animal, qui est, avec l'autruche, le plus bel ornement des prairies, a la taille du chevreuil, le poil du cerf, le bois du daim; il diffère cependant de tous les trois en ce qu'il vit toujours à découvert et n'habite que la plaine. On le mange, quoique sa chair soit d'un goût peu délicat; celle de la *gama,* sa femelle, est, il est vrai, plus estimée, mais ne m'a point satisfait davantage. Cela tient sans doute à l'habitude qu'on a de consommer ici la viande toujours toute fraîche.

Les chasseurs sérieux, pour qui le tir à balle est chose familière, peuvent encore tuer un curieux animal, soit le jour, en longeant prudemment les rivières, soit à l'affût du soir, en se postant sur la rive.

Singulier amphibie, habitant des fleuves et des cours d'eau, le *carpincho* ou *capivaro* se rencontre dormant au soleil sur la rive, ou pâturant, la nuit, dans les prairies. On l'appelle aussi vulgairement « cochon d'eau », mais nul n'a pu vraiment me le classifier. C'est plutôt, selon moi, une sorte de petit hippopotame : il en a le cuir, les mœurs et les allures. Sur un corps de la taille d'un joli sanglier, il porte une tête de phoque, et de sa gueule émergent quatre belles dents d'ivoire se refermant l'une sur l'autre. Complétement privé de queue, le corps gras et ballant, le train de devant plus court que celui de derrière, il forme un composé disgracieux, repoussant. Il vit d'ordinaire en famille, et, surpris, il plonge avec un cri qui ressemble à l'aboiement du chien. Il nage aussi bien la tête seule que la moitié du corps hors de l'eau. Touché d'une balle, il coule à pic et ne remonte, flottant, que dix minutes plus tard, s'il a cessé de vivre.

Je m'étais mis en tête que je tuerais un *carpincho*, victime assez inutile après tout, car son cuir seul est recherché. J'avais déjà maintes fois, dans ce but, suivi à pas de loup les rives de l'*Arroyo malo*, et plusieurs de mes balles avaient frappé dans le vide ou simplement blessé.

Un jour de fin novembre, j'étais, une fois de

plus, sorti en plein midi à la recherche du fameux amphibie. Le temps était à l'orage, le thermomètre marquait 38°; j'avais décidément trop compté sur mes forces, et fatigué, n'en pouvant plus, j'étais presque tombé sous un arbre de la rive. Là, plongé dans un demi-sommeil, j'avais des hallucinations : je me voyais entouré de ces affreux animaux, que je poursuivais sans succès. Bientôt un léger bruit me réveille... Sur la berge, à trente pas de moi, un énorme *carpincho* gagnait lentement la rivière. On comprend que sauter sur mon arme, ajuster, faire feu, ne fut pour moi que l'affaire d'un instant. Le coup avait porté : l'animal, traversé de part en part à l'épaule, criait et se tordait. Tandis que je m'élance pour le voir de plus près et pour l'achever, s'il le faut, un dernier soubresaut le jette à la rivière. Que faire? Le coup était mortel : l'eau s'empourprait de sang. Il fallait attendre, et je m'assis quelques mètres plus bas, les yeux fixés sur le courant. Dix minutes s'écoulèrent, au bout desquelles se fit dans l'eau un grand remous, puis je vis paraître à la surface une masse informe : c'était lui ! le courant l'emportait. Il me le fallait à tout prix ; aussi je n'hésitai pas : je courus en avant, et, quittant lestement mes effets, je me jetai dans la rivière. Je confesse qu'arrivé près du monstre et contraint à présent de remorquer à la nage ce corps gluant, boueux, couvert de sang, je ressentis le plus profond dégoût; mais j'en avais trop fait pour reculer, me dis-je, et, m'armant de courage, je saisis l'animal par les pieds de devant et le dirigeai vers le bord. Or, là, complication nouvelle : sur un très-long espace, la berge était fort escarpée. Je dus nager longtemps, et ce ne fut qu'au prix de véritables efforts que je parvins à faire aborder ma victime. Qu'importe! mes vœux n'étaient-ils pas comblés? Les hôtes de l'*estancia* me fêtèrent au retour, et chacun voulut se rendre sur le lieu de mon exploit. Je pris les dents de l'animal et j'en abandonnai le cuir au *capataz*, mon ami, qui déjà le palpait avec des airs d'envie. Plus tard, je tuai de nouveau des *carpinchos*; mais ceux-là, je l'avoue, je les laissai suivre en paix le fil de leurs rivières où peut-être un beau jour on les retrouvera flottants.

L'affût au renard m'a souvent réussi; j'ai tué quelques aigles, de grands oiseaux pêcheurs, des cormorans, des grèbes, des loutres et beaucoup d'autres fort jolis animaux; mais le plus beau coup de feu que je fis dans la *pampa* abattit un chat-tigre, et j'en garde la peau avec un orgueil mêlé de respect; car ces animaux sont fort rares et réputés dangereux et mauvais.

C'est en chassant ainsi, l'été, dans la *pampa*, que l'on se trouve le plus souvent témoin de ces grandes scènes de mirage sur lesquelles la science, je crois, n'a pas encore dit le dernier mot. En effet, aux heures chaudes du jour et sous les rayons obliques du soleil, parfois on voit surgir à l'horizon de la plaine des paysages fantastiques qui figurent tantôt des arbres, des maisons, tantôt encore d'immenses fleuves entrecoupés de verdoyants îlots. L'illusion est complète, et ce spectacle est d'autant plus étrange qu'on se demande en vain où le soleil va prendre les objets ainsi réfractés. Le mirage est souvent d'assez longue durée, et l'habitant de ces plaines sauvages peut rendre grâces au ciel d'un phénomène qui de temps en temps vient animer le triste théâtre d'une existence monotone et en rafraîchir le décor.

D'ailleurs, les belles soirées de l'été lui fournissent encore un spectacle non moins charmant. Alors les plaines se trouvent souvent illuminées par de gros vers luisants qui volent et se croisent en tous sens. On dirait que, détachées de la voûte des cieux, ce sont autant d'étoiles en promenade sur la terre. Et, de fait, tels sont leur éclat et leur nombre, qu'au sein des nuits les plus obscures ils suffisent pour répandre un demi-jour sur l'immensité des prairies.

XV

LES SAUTERELLES

Invasion de ces animaux. — Leurs mœurs et leurs ravages. — Une ville assiégée par les sauterelles. — Le *bicho colorado*.

Je n'aurais assurément pas fait un tableau complet des *pampas* si je ne disais un mot du plus terrible des fléaux qui soient à y redouter. Non! ni la guerre, ni l'épizootie ne causent à l'*estanciero* autant de pertes et d'alarmes qu'une seule invasion de sauterelles.

Ce fait, qui, rare encore, tend cependant de plus en plus à éprouver là-bas des retours périodiques, est une affreuse calamité.

C'est par légions, en effet, que s'abattent dans les prés ces insectes fétides, remuants et voraces. Les champs en sont couverts, les habitations tapissées, les eaux corrompues, l'air littéralemen infecté. Qu'ils fassent un mois de séjour... et les vastes prairies, si pleines de promesses, se trouvent cruellement saccagées ; et la terre, dépouillée de son dernier brin d'herbe, l'arbre, privé de sa dernière feuille, se montrent nus et désolés. Les animaux, cherchant en vain leurs pâturages disparus, deviennent dangereux, courent éperdus ou se roulent écumants sur le sol dévasté. Il faut alors, si le fléau n'est que local, essayer de vendre à tout prix ; sinon, l'excitation des bêtes, d'un côté, de l'autre, la famine auront bientôt décimé le troupeau.

Lors de mon séjour aux *estancias,* je fus témoin d'une invasion partielle qui causa dans tout le pays un légitime émoi. De vrais nuages de sauterelles traversèrent tout l'Uruguay ainsi qu'une partie de la république Argentine.

Insectes ailés, voyageurs, les sauterelles arrivent par grands vols et portées par le vent. Elles s'abattent sur les champs, s'y reposent quelque temps, puis s'en vont. Le mal se bornerait, d'ailleurs, à peu de chose si, comme il arrive souvent, elles ne semaient, avant leur départ, les prairies de leurs œufs. Or, la ponte de chacune d'elles consiste en un petit cocon de forme ovale contenant pour le moins trente-six œufs. L'éclosion se fait seule, six semaines environ après le départ des parents; elle réussit, hélas! à merveille.

Les petites sauterelles grandissent rapidement, et l'on pourrait dire à vue d'œil; mais elles n'ont pas d'ailes et ne partiront, à leur tour, que lorsqu'elles en seront pourvues; ce qui suppose encore un séjour d'au moins six semaines qu'elles vont employer à se nourrir aux dépens de la propriété. C'est là qu'est le véritable fléau. En attendant, elles s'agitent en nombre incalculable, s'entassant, en certains endroits, jusqu'à un demi-pied d'épaisseur, couvrant les arbres, les maisons, rongeant les herbes, les légumes, les fleurs, et ne respectant rien.

Il va de soi qu'on leur fait une guerre acharnée; mais tous les moyens qu'on emploie et que j'ai vu successivement employer ne parviennent pas à en réduire sensiblement le nombre. Ainsi, on creuse des tranchées (*sanjas*) vers lesquelles on les chasse avec une patience digne d'un plus complet résultat : on met le feu à des broussailles, à des arbres qui en sont tout chargés; on incendie les carrés de prairies où elles paraissent plus spécialement cantonnées... Vains efforts! l'éleveur devra quand même les subir et attendre le jour fortuné de leur départ; trop heureux si, parcourant ses prairies ce jour-là, il constate qu'il lui reste encore assez de fourrage pour entretenir la moitié ou le quart de ses nombreux troupeaux.

Quand les sauterelles font leur apparition, un pays tout entier s'en trouve bientôt infesté, et, pas plus que les campagnes, les villes ne sont exemptes du fléau.

Paysandhu compte assurément pour une des grandes villes de la république Orientale. Sise au bord du beau fleuve le Rio-Uruguay, c'est une cité commerçante avec ports et chantiers. Or, je la vis un jour littéralement prise d'assaut par les sauterelles. C'était bien la ville assiégée : le commerce était mort, les affaires suspendues et les maisons hermétiquement fermées. Partout, les portes, les fenêtres, les soupiraux de cave avaient été soigneusement calfatés. Dans les rues, sur les places, brûlaient de grands feux de paille, tandis qu'armés de linges ou de balais, domestiques et soldats aidaient les employés de la ville à repousser l'ennemi commun vers ces foyers incandescents. Sans doute ces mesures avaient leur raison d'être; car, une fois introduits à l'intérieur des maisons, ces insectes maudits saccagent tout et n'y laissent rien. Or, il y en avait, de par la ville, des bataillons serrés, et certains murs s'en trouvaient si chargés que leur classique couleur blanche échappait entièrement à la vue.

Les grandes sauterelles, ailées et formées, ont à peu près la taille de la cigale commune; mais elles sont de couleur feuille morte et vilaines. Il n'en est pas de même des petites : rayées vert, jaune et rouge, celles-ci ont un aspect au moins original. Toutes répandent une odeur fétide, qui, gagnant jusqu'aux œufs des poules qui s'en nourrissent, les rend impropres à la consommation.

Les hautes herbes de la *pampa* contiennent aussi, pendant l'été, des myriades de petits insectes rouges appelés *bichos colorados*. C'est une plaie d'un nouveau genre, cette fois relative à l'espèce humaine seulement.

Ces insectes microscopiques s'attaquent aux pieds et aux jambes des mortels avec un incroyable acharnement; ils se faufilent à travers tout, s'incrustent dans les chairs et occasionnent les plus vives douleurs. L'unique précaution pour s'en garantir est de marcher le moins possible à pied; et si personnellement je ne les ai que trop connus, c'est que mes goûts de chasse leur firent la partie belle.

Le *bicho* des prairies est, du reste, inoffensif, et diffère en cela de celui du Brésil. Ce dernier, heureusement moins commun, est noir; sa taille et sa couleur le font paraître aux yeux; mais il faut avoir soin de s'en débarrasser promptement; sinon, il pond dans les chairs et y produit de véritables plaies qui peuvent, avec le temps, nécessiter l'amputation du pied.

Ces divers animaux constituent, avec les moustiques, les cancrelats et bien d'autres insectes que je préfère ne pas nommer, le revers de la médaille de ces pays curieux à tant de titres, intéressants à tant d'égards.

XVI

LES SALADEROS ET L'USINE LIEBIG

Les *troperos* et leur mission. — Industrie des *saladeros*. — Fray-Bentos et le grand établissement fondé par le baron Liebig. — Ce qu'y devient un bœuf en moins de cinq minutes. — L'extrait Liebig et sa fabrication. — Un mot et quelques chiffres sur la célèbre Compagnie.

Pourquoi donc, tout à coup, sur la colline du *rodeo,* cette agitation plus grande que de coutume? Pourquoi le bétail s'y trouve-t-il aujourd'hui plus nombreux que jamais? Quelle est enfin cette troupe nouvelle de gens qui le travaillent?

Je reconnais le chef qui les dirige : c'est un des vingt *troperos*[1] à la solde des directeurs de l'usine Liebig; c'est le célèbre don Marcos. Il

---

[1] Sorte de *capataz* que les *saladeros* envoient aux *estancias* de leur rayon pour y choisir les bœufs propres à l'abatage.

vient avec ses hommes choisir pour le compte de cet établissement les plus gras animaux de notre *estancia*. Il va former sa *tropa* (troupe), la compter, la payer, puis il l'emmènera à ses risques et périls. Il en aura pour cinq jours de voyage; car trente lieues pour le moins nous séparent de l'usine, et l'on ne marche pas vite lorsqu'il faut chasser devant soi un troupeau d'environ quinze cents bœufs, lui faisant franchir tour à tour des rivières, un fleuve et mille obstacles de diverse nature. Mais les *saladeros* en général, et en particulier celui de Liebig, qui n'abat jamais moins de mille têtes par jour, font une telle consommation de bétail durant les trois mois qu'ils travaillent, qu'ils se trouvent forcés de se fournir au loin. A cet effet, ils envoient leurs *troperos* jusqu'à soixante et quatre-vingts lieues de rayon. Comme chacun de ces *troperos* doit se faire aider d'au moins cinq ou six *peones*, on voit d'ici le personnel nombreux que nécessitent ces établissements d'abatage, et les frais de voyage qu'ils ont à supporter. Si d'autre part on réfléchit aux chiffres sur lesquels ils opèrent et à ces troupes immenses qu'il faut payer sur place, on comprend aisément combien il leur faut remuer d'importants capitaux.

Ce n'est donc pas une petite industrie que celle des *saladeros*. Ils sont cependant assez nombreux, et leur institution est vieille d'un siècle environ.

Ainsi que l'indique leur dénomination, tous ont pour but principal de conserver la viande dans le sel et la saumure, tout en traitant séparément le cuir et utilisant les débris de l'animal. Seule, l'usine Liebig affecte en plus à son fameux extrait une partie choisie de la chair de ses bœufs. Ainsi, en disant quelques mots de cet établissement célèbre, à la visite duquel j'ai consacré deux jours, j'aurai parlé de tous les *saladeros,* où les procédés, à cela près, sont identiquement les mêmes.

Au fond d'une crique formée par le grand fleuve de l'Uruguay et perchée au sommet d'une falaise pittoresque, est une petite ville d'origine récente, connue sous le nom de Fray-Bentos. C'est là que la Société fondée en 1863 par le baron Liebig a établi son siége. L'usine proprement dite occupe de vastes bâtiments qui descendent en pente douce jusqu'au fleuve. Là se trouve un grand môle qui lui permet de charger facilement et d'embarquer tous les produits de son importante fabrication. Plus haut est le *saladero* et toute la suite des hangars qu'il comporte; derrière lui, les *corrales*, plus vastes à mesure qu'ils s'éloignent du centre; enfin d'immenses prairies entourées de fils de fer; ces prairies, remplies de bétail, constituent à elles seules tout le fonds d'une *estancia*.

Le terrain ainsi exploité par la Société est d'environ neuf lieues carrées. On lâche sur les prairies les bœufs qui, venant de trop loin, ont à se refaire du voyage, et l'on enferme dans les *corrales* les animaux en état qui feront l'objet de la besogne du jour ou qui constitueront la réserve du lendemain.

Le travail commence de fort grand matin. Les animaux sont successivement chassés des grands *corrales* dans d'autres plus petits; ils arrivent ainsi jusqu'au *brette,* dernière enceinte circulaire où le coup fatal les attend. Une porte à guillotine n'y laisse pénétrer que vingt bœufs à la fois; ils y trouveront des dalles inclinées et glissantes qui les priveront de toute résistance quand le *lazo* viendra à s'abattre sur eux.

Le *lazo,* dont le nœud coulant est lancé par un *gaucho* debout sur une petite estrade, passe dans une poulie pour aboutir par l'autre extrémité à la selle d'un cheval monté. Aussitôt le *lazo* lancé, le cheval est mis au galop, et le bœuf, violemment amené, vient donner de la tête contre une grosse poutre qui l'arrête. Le *desnucador,* l'homme spécialement chargé du coup de couteau, est assis sur cette poutre. Il se sert, pour cette besogne, d'un petit poignard large de deux doigts, long de cinq, et frappe la bête à la nuque d'un coup qui la foudroie. Comme la place sensible n'a guère que la largeur d'une pièce de cent sous, ce coup suppose une très-grande adresse, qu'on reconnaît d'ailleurs en payant cet employé spécialiste à raison de dix francs par cent têtes de bœufs.

La bête ainsi frappée tombe sur un wagon à rails ; on lui enlève le *lazo,* on ouvre une porte à coulisse, et le wagon, roulant sous un hangar dallé appelé la *playa,* dépose ce corps encore presque vivant aux pieds de celui des travailleurs qui a « fini son bœuf » et qui attend une nouvelle besogne. Sur des voies parallèles deux wagons vont et viennent, se succédant sans cesse.

Car le travail de boucherie qui s'accomplit sur la *playa* est rondement mené, et les ouvriers qui s'en occupent sont nombreux : ils sont là cinquante ou soixante qui, les bras dans le sang, demi-nus, le couteau à la main, saignent, écorchent, dépècent. La bête disparaît comme par enchantement : sa tête va d'un côté, son cuir et ses membres d'un autre; ses chairs, habilement découpées, prennent une troisième direction : bref, en moins de cinq minutes, sur ces dalles qu'on lave maintenant à grande eau, il ne reste plus trace de l'animal qui vient d'y tomber palpitant.

Sous un vaste hangar attenant à la *playa*, des gens que leurs fonctions ont fait nommer *charqueadores* reçoivent la viande sur des tables de bois. Ils sont armés de coutelas longs et tranchants, qu'ils passent et repassent dans cette viande, de façon à la réduire en tranches qui aient partout un pouce et demi d'épaisseur. Ce point est de haute importance, et ces habiles découpeurs sont de loin les mieux payés; car c'est le juste milieu qui préservera ces chairs de la corruption d'une part, de la dessiccation de l'autre.

Ainsi préparée, la viande est exposée quelque temps au soleil, puis plongée dans un bain de saumure qui a pour objet de la purifier, enfin empilée par grands tas composés de couches alternatives de viande et de gros sel blanc. On la retourne plusieurs fois, on la reporte à l'air, au soleil, on la remet en tas; puis, au bout d'un mois environ, on la livre au commerce. Elle ressemble alors, par l'aspect et la couleur, à de la morue desséchée. Rien qu'au Brésil, où elle est connue sous le nom de *carne secca,* il s'en consomme chaque année des milliers de quintaux : elle forme le fond de l'alimentation de la race nègre, qui en fait le plus grand cas.

Montés sur une échelle plus modeste peut-être, tous ces travaux, toutes ces préparations que je viens de décrire sont du domaine commun de tous les *saladeros.* Pour la fabrication spéciale de l'usine Liebig, pour la production du fameux *extractum carnis,* on choisit des morceaux de viande spéciaux. On en détache les os et la graisse, et on les introduit dans un engin d'où ils sortent hachés menus. En cet état ils sont successivement portés dans des chaudières, puis sous de fortes presses. Le jus s'écoule, finement tamisé ; on le fait bouillir pendant quelques heures, puis on le laisse congeler pour le renfermer dans des boîtes de fer-blanc d'un pied cube environ. C'est sous cette dernière forme que l'extrait concentré est toujours expédié.

La Compagnie Liebig est aujourd'hui devenue éminemment cosmopolite. Fondée par un Allemand, d'une part, elle opère et contracte sous une marque anglaise : L. M. E. C. (*Liebig meat Extract Company*), sans doute parce que ce sont les capitaux anglais qui se sont tout d'abord emparés de l'entreprise; cependant, l'Allemagne et la France, la Belgique surtout, y ont aussi d'assez gros actionnaires. D'autre part, elle occupe comme ouvriers, et en majeure partie, des Écossais et des Basques, et reste dirigée par des chimistes allemands. C'est une véritable « Tour de Babel », où cependant tout marche et où les peuples les plus divers s'entendent à merveille.

L'établissement travaille, à partir de décembre, pendant trois mois environ, abattant en moyenne de cent soixante à cent quatre-vingt mille bœufs. Il exploite non-seulement son extrait et les viandes salées, mais également les cuirs, les suifs, la graisse, les os, les débris de l'animal; enfin, des résidus de cette viande choisie qui a servi à la fabrication de l'extrait concentré, il fait un guano qui passe, après celui du Pérou, pour le meilleur et le plus demandé.

L'usine ne peut suffire au nombre des commandes qui de partout lui sont adressées. Elle tient enfin de sa situation la plus grande facilité de transports et d'expédition; car Fray-Bentos, par bateaux à vapeur, ne se trouve qu'à vingt-quatre heures de Buenos-Ayres et à trente-six heures de Montevideo. Aussi l'état de la Société est-il très-florissant, et c'est par plus de trois millions que se chiffrent régulièrement ses bénéfices annuels.

DE L'ATLANTIQUE AU PACIFIQUE

PAR

LA RÉPUBLIQUE ARGENTINE ET LA CORDILLÈRE DES ANDES

XVII

BUENOS-AYRES ET LA RÉPUBLIQUE ARGENTINE

Buenos-Ayres. — La ville. — Le port. — La rade un jour de *pampeiro*. — Notions historiques. — La république, ses bornes, son étendue. — Le beau fleuve du Parana. — Itinéraire du voyage par terre au Chili. — Départ. — Le Tigre. — Rosario.

Buenos-Ayres (*bon air*) est le nom flatteur que les habitants de la Confédération Argentine ont donné à leur capitale. Située sur la rive droite du Rio de la Plata, elle fait face à Montevideo, avec laquelle un service régulier de bateaux à vapeur la met en communication journalière ; car il suffit de douze heures pour faire la traversée du petit bras de mer connu sous le nom de Rio de la Plata.

Toutes les villes se ressemblent plus ou moins, et il n'est pas de meilleur moyen d'en donner une idée que de les rapprocher entre elles. C'est ce que j'ai fait déjà en comparant la capitale de la république Orientale à celle du Brésil ; c'est ce que je vais faire encore en rapprochant Buenos-Ayres de Montevideo.

Quoique s'étendant sur une superficie relativement plus vaste, Buenos-Ayres est cependant bien moins peuplée que Montevideo, et le chiffre de ses habitants monte à peine à cent cinquante mille. Elle présente toutefois une animation bien plus grande, attendu que c'est le centre de commerce et d'affaires de loin le plus important de l'Amérique méridionale tout entière : les divers marchés, et la Bourse, où l'on opère chaque jour sur d'énormes valeurs, le prouvent surabondamment [1].

---

[1] Il ne peut être indifférent, à nous autres Belges, de connaître la part que prend notre pays au commerce général de la lointaine république. Voici ce que je lis dans le « Rapport sur le commerce de la république Argentine en 1873 », adressé au Gouvernement par le comte Ch. d'Ursel, alors premier secrétaire de la légation belge au Brésil :

« La Belgique est de tous les marchés du globe le premier et

Elle a encore cet avantage sur sa voisine de la rive gauche, qu'elle renferme bien plus de monuments remarquables, parmi lesquels il convient de citer : l'hôtel de ville, la cathédrale, les églises de San Francisco et de la Merced, l'hôtel des monnaies et la Chambre des députés. Tout récemment encore, on vient de consacrer une somme de douze millions à l'édification d'un établissement particulier de crédit, d'une architecture recherchée et d'un luxe inouï. C'est la « Banque de la Province ». Je laisse à penser ce que doivent faire d'affaires des maisons installées sur un semblable pied.

Quoi qu'il en soit, et malgré les ressources qu'elle semble présenter, malgré ses monuments, ses clubs et ses théâtres, cette ville sent trop le négoce et n'est décidément pas gaie.

Type parfait, cette fois, de ville américaine, elle se compose d'une suite non interrompue de carrés (*cuadras*). Toutes ses rues sont à angle droit, parallèles et tirées au cordeau. C'est un

---

« le plus important pour l'exportation des produits de la ré-
« publique. Il n'est pas sans intérêt de remarquer que le chiffre
« officiel des importations sur le port d'Anvers, qui s'élève à
« une valeur de soixante-neuf millions et demi de francs, repré-
« sente plus d'un tiers de l'exportation totale des produits argen-
« tins sur l'Europe. »

véritable échiquier, et le visiteur, au bout d'une semaine de séjour, a peine encore à s'y retrouver. Convenez que c'est monotone et fastidieux à l'excès. Lorsque, égaré, vous demandez votre route, on ne vous cite jamais le nom d'une rue, mais il vous faut retenir le petit itinéraire suivant : une *cuadra* à gauche, deux à droite, une encore à gauche... et ainsi de suite, suivant que vous êtes plus ou moins éloigné de votre but

Par son nom de *Buenos-Ayres,* la ville semble promettre une pureté d'air qu'on y recherche en vain. Sans doute, la voirie s'y trouve réellement en progrès; mais les gros rats qui, la nuit, se promènent en troupes respectables, ont un air de santé qui ne permet pas de douter qu'ils trouvent encore à se nourrir.

Et que penser de l'affreux vacarme que font à chaque coin de rue, ce qui revient à dire à chaque instant, les trompettes fêlées des conducteurs de tramways qui se coupent? Car, ici, les tramways ne sont pas épargnés, et l'on compte malheureusement en ville plus de rails que de trottoirs. Le service est organisé de la façon suivante : dans presque chaque rue passe une voiture qui revient par la rue d'à côté, et de trois en trois minutes ont lieu de nouveaux départs.

Le port de Buenos-Ayres est plutôt pis encore que celui de Montevideo. Il est plus ensablé, et ses eaux ont moins de profondeur. Aussi le mouillage des grands steamers a lieu parfois jusqu'à six milles en mer, et le déchargement des barques de commerce, qui doit se faire loin des quais, à marée basse et au moyen de charrettes, s'opère, on le pense bien, dans les plus tristes conditions. La marchandise se mouille au moindre vent, et tout travail en rade doit cesser aussitôt que souffle le *pampeiro*.

C'est tout au plus alors si les malheureux voyageurs peuvent songer à s'embarquer. Moi-même, quittant, un jour de *pampeiro*, Buenos-Ayres pour Montevideo, je courus de réels dangers.

Au large des eaux du port, à quelques milles en mer, se balançait le steamer sous vapeur. L'heure du départ allait sonner; il n'attendait que ses passagers; mais il fallait s'y rendre, et, sur le môle, les plus braves marins refusaient leurs embarcations. Cependant, attendu à Montevideo, je voulais partir à tout prix. J'avise donc une grosse barque de pêche, et, m'assurant des compagnons non moins pressés que moi, à prix d'or, je décide trois hommes à nous conduire. Là-dessus, la large coque de l'*Espérance* charge nos personnes et nos bagages. On largue les amarres, un coup de gaffe nous dérive, et la grande voile est aussitôt déployée. C'est alors seulement que nous comprîmes ce qu'offrait de dangers notre folle entreprise : ballottée comme un bouchon de liége sur la cime des flots, la barque gouvernait à peine : le vent faisait plier les mâts, et la voile coiffait à tout coup. Couchés pêle-mêle à fond de cale, nous embarquions de gros paquets de mer, et, quand notre *Espérance* retombait de la crête des vagues, nous touchions parfois violemment. Alors la frêle coque craquait à faire peur ; et deux vaillantes passagères compliquaient d'exclamations et de soupirs le mal violent dont elles souffraient, hélas ! et dont chacun de nous recevait à son tour des preuves accablantes.

C'est dans ces tristes conjonctures que nous parvînmes, Dieu sait comme ! à rejoindre le steamer. Cependant un drame nouveau nous attendait là-bas : le premier de nous qui mit le pied sur l'échelle fit un faux pas, glissa et disparut sous les flots gris de la mer. Il y eut un moment d'une indicible angoisse... mais bientôt, heureusement, une tête pourvue d'une riche chevelure reparut à fleur d'eau, et l'officier du steamer, qui n'eut qu'à se baisser pour saisir aux cheveux cette « occasion » de sauvetage, ramena grelottant à son bord le naufragé de l'*Espérance*. Les marins firent la chaîne et se passèrent les autres voyageurs, tandis que, plus mortes que vives, nos compagnes étaient hissées à la poulie sur des fauteuils *réservés*.

Buenos-Ayres fut fondée en 1535 par don Mendoza, sous le nom de : *Ciudad de la Trinidad;* mais les Indiens la dévastèrent. Elle fut rebâtie trente ans plus tard. En 1620 y fut établi un évêché qui subsiste encore aujourd'hui. Enfin c'est en 1776 qu'elle devint définitivement la capitale de la vice-royauté de Buenos-Ayres et des provinces unies du Rio de la Plata, actuellement connues sous le nom de Confédération Argentine.

La république Argentine a pour limites : à l'est, l'Atlantique, le Brésil et l'Uruguay; au nord, la Bolivie et le Paraguay; à l'ouest, les Andes, qui la séparent du Chili; au sud, les terres patagones.

Ce gigantesque État s'étend, en superficie, sur un territoire de plus de quatre-vingt mille lieues carrées. Il n'est peuplé cependant que de douze cent mille habitants, répartis sur quatorze provinces dont la plus importante est celle de Buenos-Ayres, avec une population de deux cent trente mille âmes.

Il est, du nord au sud, arrosé par deux fleuves immenses : l'Uruguay, qui le sépare de la république de ce nom, et le Parana, qui prend sa source au Brésil, dans la province de Minas-Geraes. Ce sont, je l'ai dit, ces deux grands fleuves qui, par leur commune embouchure, forment, en se jetant dans l'Atlantique, le Rio de la Plata.

Le Parana surtout se distingue par son cours de neuf cents lieues et par la grande largeur qu'il affecte en certains endroits. Un peu au-dessus de Buenos-Ayres, il se divise en mille bras et canaux, qui forment, à l'endroit appelé « le Tigre », un véritable archipel de petites îles. Ces îles, boisées, incultes, mais fleuries, offrent pendant l'été de frais ombrages, abondent en gibier et reçoivent chaque jour de nombreux visiteurs.

C'est un magnifique voyage que de traverser par terre, ainsi que je l'ai fait, de l'Atlantique au Pacifique, l'Amérique du Sud tout entière; de marcher de Buenos-Ayres droit sur Valparaiso; en un mot, de passer, de l'est à l'ouest, les *pampas* argentines dans toute leur étendue, puis, franchissant l'imposante chaîne des Andes, d'atteindre l'océan Pacifique sur la côte même du Chili.

Ce voyage prend trois semaines environ. Il comporte tour à tour tous les genres de locomotion. C'est d'abord le chemin de fer qui de Buenos-Ayres transporte le voyageur au « Tigre », d'où le steamer lui fait remonter le Parana jusqu'à Rosario. Là s'ouvre une nouvelle voie ferrée, celle de Cordova, qu'on suit pendant quelques heures pour aller prendre à Villa-Maria l'embranchement qu'on dirige actuellement sur Mendoza. Mais la voie n'étant guère avancée, les trois quarts des *pampas* doivent encore se parcourir en diligence, à cheval ou en chaise de poste. A Mendoza, il faut se fournir de mules pour faire la traversée des Andes : c'est six jours de grande marche. Enfin, à l'autre pied de la Cordillère, au Chili, on retrouve le train de Santa-Rosa qui conduit à Santiago ou à Valparaiso, port de l'océan Pacifique.

Comme cette excursion est de toutes celles que j'ai faites en Amérique la plus intéressante et l'une des moins connues, je me propose de la décrire tout au long, trop heureux si je puis, précisément en insistant quelquefois sur des points minutieux d'itinéraire ou de détail, faciliter la route à ceux qui voudraient la tenter après moi et leur épargner mille ennuis, mécomptes et retards que dans mon isolement, et à défaut de renseignements précis, je n'ai pas manqué d'éprouver maintes fois.

De l'Atlantique au Pacifique par la Cordillère des Andes. — La Cordillère des Andes ne se franchit pas en tout temps. En hiver, les neiges la ferment et l'obstruent complétement, tandis que pendant l'été la décharge des eaux y sème à chaque pas de périlleux obstacles et de réels dangers. Février, mars, avril sont les mois les plus favorables pour tenter ce passage. Alors, on n'a guère à braver que les obstacles naturels inhérents aux voyages à travers toute chaîne de hautes montagnes; et ces obstacles suffisent, Dieu merci! dans un pays de volcans où toute une saison de tremblements de terre vient chaque année convulsionner le sol et détruire en partie les passages connus.

De Buenos-Ayres au Tigre. (Deux heures de chemin de fer.) — C'est dans les premiers jours de mars que, désireux d'accomplir ce voyage, je quittai Buenos-Ayres, seul, hélas! car j'avais vainement cherché des compagnons. Le chemin de fer me porta rapidement au « Tigre », où je m'embarquai sur-le-champ en vue de remonter le Parana jusqu'à Rosario.

Du Tigre à Rosario. (Vingt-quatre heures de navigation sur le Rio-Parana.) — Charmante navigation que celle du Tigre ! Avant de déboucher dans le Parana proprement dit, on reste pendant près de deux heures poétiquement engagé dans de ravissants petits canaux. Leurs eaux sont calmes et profondes ; sur les deux rives s'étale une végétation luxuriante, en partie composée d'essences tombantes, de saules, d'acacias et de joncs. Souvent le bateau, couvrant l'eau tout entière, frôle à la fois les herbes de l'un et de l'autre bord. Des tournants imprévus, quelques courbes rapides, commandent fréquemment d'intéressantes manœuvres : on fait demi-vapeur ou machine en arrière ; ou bien encore un homme saute à terre, il amarre aux rochers ou aux arbres de la rive la proue du steamer, qui pivote et reprend aussitôt sa marche à peine interrompue. On gagne ainsi le haut Parana ou le fleuve proprement dit.

Le Parana, en tant que fleuve, l'emporte sur l'Uruguay. Il est plus large ; la végétation de ses bords, où croissent de beaux arbres, est de beaucoup plus élevée. Il y a aussi plus de mouvement dans ses eaux ; la circulation fluviale y est bien autrement importante et suivie. En résumé : nappe d'eau magnifique, courbes majestueuses, rives boisées et fleuries, marais sauvages, îles nombreuses ; ce fleuve aurait, semble-t-il, tout pour lui, si ses bords plats et ravalés ne lui enlevaient beaucoup de sa majesté.

On fait quelques escales dans de jolies petites baies formant points de vue et semées de villas. Enfin, sur de belles falaises, Rosario apparaît tout à coup.

C'est une ville assez grande et de beaucoup de ressources, un centre de commerce d'autant plus important qu'il sert d'unique débouché aux produits de trois provinces.

XVIII

TRAVERSÉE DES PAMPAS ARGENTINES

Villa-Maria. — Les rivières chiffrées. — Rio-Cuarto. — Cinq jours en chaise de poste. — Le Morro. — Première nuit à la belle étoile. — San Luiz. — Le *rancho* de Totora. — Première vue des Andes. — Un nuage de sauterelles. — Santa-Rosa. — Une tempête de sable. — Perruches et *loros*. — Arrivée à Mendoza.

De Rosario à Villa-Maria. (Huit heures de chemin de fer sur la ligne de Cordova.) — A Rosario commence la traversée proprement dite des *pampas*[1]. Un train qui n'avance pas me traîne péniblement à travers ces plaines sans fin, que je taxerais peut-être d'insipides et de monotones, si nous n'étions de si vieilles connaissances et si je n'y retrouvais tant de doux souvenirs.

[1] Cette traversée comprend deux cent quatre-vingt-une lieues de pampas, dont cent cinquante se font en chemin de fer, cent trente et une en poste.

A Villa-Maria, où je devais, d'ailleurs, changer de train, je crus bon de m'arrêter. Cette mauvaise bourgade, qu'on s'obstine quand même à décorer du nom de ville (*pueblo*), renferme assurément plus de terrains vagues que de maisons, et j'ai failli compter le nombre de ses habitants! Appuyée cependant sur de grands bois et possédant une rivière d'aspect assez sauvage, elle n'est pas tout à fait dénuée d'agrément. La rivière est très-large, mais aussi peu profonde et d'un lit de sable fin. On la franchit facilement à gué, et les piétons trouvent de chaque côté un homme à cheval, qui, pour une faible obole, les charge en croupe et la leur fait passer. Elle porte un nom assez particulier : *Rio-Terceiro* (rivière n° 3). N'est-il pas curieux de penser que les habitants de ces provinces, à court sans doute de noms pour leurs rivières, les aient ainsi chiffrées? Celle-ci est la troisième qui se soit offerte à leur dénomination, et ma prochaine étape sera *Rio-Cuarto* (rivière n° 4). C'est le point extrême où se trouve aujourd'hui parvenue la voie qui doit plus tard relier Mendoza à Villa-Maria.

De Villa-Maria à Rio-Cuarto. (Cinq heures de chemin de fer sur la nouvelle voie de Mendoza.) — Rapidement édifié sur les curiosités de l'endroit, j'ai hâte de poursuivre ma route. Une dernière fois, sur les steppes argentines, la vapeur va me porter de quelques heures en avant. En effet, à travers l'éternelle *pampa* circule un train nouveau, plus primitif encore, plus en enfance que jamais. Il marche lentement, s'arrête à tout propos et siffle sans relâche; c'est, me dit-on, pour chasser le bétail qui s'obstine à se coucher en travers de ses voies et le regarde venir, immobile, étonné. A l'effet également d'en débarrasser le rail, chaque machine est pourvue d'un gigantesque éperon : le sang qui le macule prouve qu'il opère quelquefois. Cela paraît étrange et n'est, cependant, que rigoureusement vrai : dernièrement un taureau s'est même permis de charger un des trains de la Compagnie; sans doute il a payé de sa vie ce trait de fanfaron; mais le wagon qu'il a choisi n'en porte pas moins la marque de ses cornes puissantes.

Le train, en dépit de ses lenteurs, arrive enfin à Rio-Cuarto. Avant d'entrer en gare, il traverse, sur quarante-six arches d'un joli viaduc en fer, la rivière de l'endroit, aux bords marécageux, aux eaux basses et coupées de larges bancs de sable.

La ville a du cachet : les rues sont de sable;

les maisons, de terre et de chaume ; le tout, découpé dans le gazon, est bordé de grands peupliers. Un épais mur de terre défend chaque propriété de l'invasion des bêtes du voisin et clôture un jardin riche en arbres fruitiers.

Le terrain qui renferme, à deux pas du chemin de fer, des bois à exploiter[1], n'a cependant nulle valeur, et la *cuadra* ou carré de cent trente-cinq mètres de côté est estimée dix piastres boliviennes (40 fr.) seulement. Peuple toujours pratique, les Anglais ont compris qu'il y avait là une excellente affaire, et ils s'en sont aussitôt emparés. Or, ces messieurs s'enrichissent aujourd'hui à exploiter leur concession, tandis que, sur des terrains adjacents, identiques, les indigènes, à côté d'eux, crèvent de faim dans leur inaction. Il est vrai de dire que la terre n'est pas à beaucoup près de première catégorie : elle respire le salpêtre d'une étrange façon, et les arbres ne viennent bien qu'aux environs immédiats de l'eau.

De Rio-Cuarto au Morro. (Trente-deux lieues de poste.) — C'en est fait ! désormais l'affreuse diligence succède au chemin de fer. D'ici à Mendoza, c'est-à-dire au pied des Andes, un service

---

[1] Ce sont presque tous bois de caroubiers sauvages.

plus ou moins régulier de ces lourdes voitures fait franchir chaque semaine cent trente et une lieues de *pampas,* ce qui ne fait guère moins de huit cents kilomètres, car la lieue de poste en vaut ici plus de cinq.

A côté de la diligence qui met six jours à ce trajet, il y a le courrier qui le fait en cinq. De plus, la chaise de poste part deux fois par semaine; mais elle n'admet qu'un voyageur; encore faut-il que celui-ci, pour profiter de cette faveur, ait été recommandé à l'administration par quelque influent personnage.

Pour avoir ignoré ce détail, je manquai le premier départ; mais une dépêche aussitôt envoyée à un ami de Buenos-Ayres me mit en règle et m'assura la chaise pour le départ suivant.

Montée sur quatre roues, la chaise de poste (*silla de correo*) ressemble assez à l'antique phaéton. Devant, sous la grande capote, se placent le voyageur et le maître de poste. Un tablier de cuir, qui peut à volonté se relever complétement et fermer tous les vides, les protége tour à tour du soleil et de la pluie, de la poussière et du vent. L'arrière-train de la voiture reçoit les provisions, la correspondance et le bagage, dont personnellement le voyageur peut charger trois *arrobas* de vingt-cinq livres l'une.

Suivant les besoins de la cause ou la nature du terrain, le chaise est attelée de deux, trois ou quatre chevaux montés. C'est chose fort curieuse que leur mode d'attelage. Mais pour le bien comprendre il faut se rappeler que les chevaux des *pampas* ne connaissent pas le trait et ne font jamais d'autre effort de traction que celui auquel les a habitués le *lazo;* or, celui-ci s'attache à un anneau de la selle. C'est donc ce même point qu'il a fallu approprier pour que la bête pût le plus avantageusement utiliser des moyens, naturellement puissants, que son éducation n'a fait que développer.

Rien de plus simple, d'ailleurs : de chaque côté du timon une chaîne flottante va de la flèche au palonnier; et, à un mètre environ de la flèche, se trouve dans la chaîne un anneau que les postillons attachent à leur selle en manière de *lazo*. La chaîne décrit alors un angle droit, le bout de devant servant à retenir, à guider la voiture, celui de derrière à l'entraîner. Les chevaux tirent à l'intérieur et sont attelés de façon que les roues les suivent directement. Ils galopent ainsi dans les ornières, menés, d'ailleurs, avec une rare adresse par les postillons qui trouvent moyen de passer partout en évitant les secousses violentes.

L'attelage marche d'ordinaire avec une étrange vitesse, que ne peuvent égaler les lourdes diligences, malgré leurs six ou huit chevaux. On part avant le jour; autant que faire se peut, l'allure est le galop. On fait à l'heure une moyenne de trois lieues de poste; et, d'heure en heure, sur le chemin, sont disposés des relais. C'est, le plus souvent, un homme qui, en rase campagne, attend avec des chevaux frais. C'est l'affaire de cinq minutes, et l'on repart.

Quand le terrain nécessite un cheval de flèche ou deux chevaux de volée, on les attelle très-loin, et des liens de cuir tressé qui n'en finissent pas les relient au timon. Les *gauchos* qui les montent quittent la chaise avec eux; seuls, les deux postillons de timon fournissent tout le voyage. Ces gens semblent de fer : ils se reposent à peine, ne mangent presque pas, et ce sont eux qui pendant la nuit, couchés sous le train de la voiture, surveillent le dépôt qui leur est confié.

Le pays qu'on traverse durant le premier jour n'offre qu'un intérêt d'ailleurs très-secondaire. Sur un fond toujours sablonneux, chemin faisant on rencontre de vastes plaines et prairies assez dépourvues d'animaux, quelques accidents de terrain, des berges de genêts, des rivières au lit creusé, large, profond, des roches éparses dans la plaine, et, sur un semblant de colline, un village formé de sept ou huit habitations rustiques.

Enfin on aperçoit le Morro, grande montagne isolée aux flancs rocheux, à la tête chauve. On dirait un volcan. A ses pieds se trouve assis le village du même nom.

C'était notre première étape. Nous faillîmes la manquer, et les postillons en retard durent à la dernière heure, en vue de l'atteindre avant la nuit, brûler le sol à l'allure de chevaux emportés.

Le village du Morro est assez étendu, mais pauvre, désolé. On n'y trouve pas de ressources et moins encore d'auberge. Voilà ce qui, à l'issue de cette première journée, attend le voyageur qui s'est levé de bonne heure et croit enfin pouvoir se reposer, soit les membres, de trente-deux lieues de cahot, soit l'estomac, d'un déjeuner fait en marche, de ses propres ressources.

Heureusement, on m'indique un *almacen,* ou magasin qui, pour un prix extravagant, consent à me préparer un plat de sa composition. Je n'ai jamais su ce que c'était, et je me serais bien gardé, d'ailleurs, de m'en informer. Je m'informe plutôt d'un gîte pour la nuit; il paraît que je plais aux gens de la maison, car ils s'empressent de me désigner chez eux ce qu'ils appellent une chambre. J'y fais porter mon lit par un de nos postillons; mais, m'apercevant aussitôt combien la place est peu tenable, je le transporte dans une cour voisine et l'y dresse de préférence.

J'espérais tout au moins jouir d'un peu de repos : hélas! j'avais compté sans la fraîcheur des nuits; une bise glacée soufflait de la Cordillère et me traversait les os. Pendant de longues heures, j'appelai vainement le sommeil... Je le tenais à peine que des notes perçantes me réveillent en sursaut. Que vois-je? fièrement campé sur les montants de mon lit, un coq saluait le petit jour. Jusqu'alors, je le confesse, j'étais plein de respect pour ces innocents animaux; mais, à ce moment, la main au revolver, je faillis commettre un meurtre. D'ailleurs, tout aussitôt, la tête me revint : je compris que c'était moi l'intrus de cette basse-cour; et, me levant, j'allai me réchauffer au moyen d'un peu de café.

Du Morro à San Luiz. (Vingt-quatre lieues de poste.) — La pénible impression de cette nuit au Morro s'effaça de mon esprit aussitôt que parurent les rayons du soleil levant et que la trompe du conducteur eut sonné le départ.

Cette seconde journée, moins forte que la précédente, est beaucoup plus intéressante. Le pays s'accidente, et l'on ajoute souvent des chevaux de renfort pour entraîner la chaise

> Sur des chemins montants, sablonneux, malaisés,
> Semés de trous béants et de troncs renversés...

En quittant le Morro, on traverse des bois; on a devant soi de nouvelles plaines. Sur l'horizon se dressent encore des montagnes : c'est comme les fiançailles de la plate *pampa* avec les monts de la Cordillère. En effet, tout porte à considérer ces montagnes comme un dernier ressaut de la grande chaîne des Andes : stériles et nues, elles forment une chaîne avancée identiquement orientée, tandis que les plaines qui les entourent paraissent plus que jamais sèches et dépeuplées.

Les bois, d'ailleurs fourrés, sont des plus mal venus : ce n'est qu'un enchevêtrement d'essences épineuses, de plantes rampantes, rabougries. On y souffre également du manque d'ombre et du manque d'eau. Celle-ci fait notamment défaut dans ces parages, et l'on en fait provision le matin au passage du Rio-Quinto.

Le passage de ces rivières, qui s'opère toujours

à gué, dans des endroits peu profonds, mais très-larges, est chose assez divertissante : les chevaux, lancés à fond de train, éclaboussent à ravir le pauvre voyageur, et, pour peu que le fond ne soit pas de bonne roche, la chaise est vite débordée. Cependant, on bénit les incidents de ce genre qui viennent parfois relever fort à point la monotonie du chemin.

La partie hautement pittoresque de cette journée de voyage est celle qu'on fait le soir dans la vallée de San Luiz pour arriver à la ville de ce nom.

De San Luiz au Rancho de Totora. (Vingt-cinq lieues de poste.) — Jusqu'à présent, j'occupais seul la chaise ; je la partage aujourd'hui avec un maître de poste qui devient mon compagnon de route jusqu'à Mendoza.

Type curieux s'il en fut, il n'est ni agréable d'extérieur, ni correct de tenue. Petit, d'un certain âge et de troisième éducation, il a les tics d'un vieillard, la langue d'une femme et le rire d'un enfant. Je le crois peu gênant d'ailleurs : il parle aussi bien seul et se répond à l'occasion. De notre premier entretien résulte un fait important : il se refuse complétement à croire que je 'puisse faire en ces lieux un voyage d'agrément; et de ce que je lui cache, prétend-il, le but de mon expédition, il conclut, je le vis, que je vais en mission secrète. Tant mieux! car, devenu des plus respectueux, il m'entoure de soins prévenants; il s'étonne de tout, ne revient pas de la façon dont j'ai appris la langue du pays, et me signale en chemin à ses amis de province comme un objet de curiosité.

La route, presque droite, est, sur quinze lieues de parcours, coupée à travers bois. Il s'en faut de beaucoup qu'elle soit d'un usage pratique : les eaux, en maints endroits, l'ont à ce point ravinée que les voitures y versent assez souvent.

A l'un de nos relais, comme les chevaux n'étaient pas à leur poste, je m'en fus, l'arme au bras, chasser à l'aventure. Je tuai tout d'abord un superbe renard auquel ma présence sous bois paraissait inspirer plus d'étonnement que d'effroi. Quelques instants plus tard, je fus assez heureux pour débusquer et pour abattre un de ces lièvres géants, dits de Patagonie, aux longues oreilles, sans queue, au pelage de chevreuil, de la taille du lévrier d'Écosse. Je m'apprêtais à charger sa dépouille, car je savais sa chair fort réputée; mais j'hésitais sur le moyen, lorsqu'un coup de trompe assez lointain me décida tout à coup. C'était le signal convenu : la chaise repartait. J'abandonnai le curieux animal et ne rapportai comme trophée que ses longues oreilles et la queue du renard. Mon compagnon de voyage ouvrit de grands yeux et me félicita; mais je voyais bien qu'au fond il regrettait plus que moi l'abandon d'une pièce qui nous eût procuré le soir même un agréable repas.

Bientôt les bois cessèrent, et nous roulâmes de nouveau dans la plaine. Tandis que, sur un fond de bruyères, nous cheminions rapidement pour regagner le temps perdu, un merveilleux spectacle vint frapper notre vue. Il était six heures environ : le temps était radieux; calme absolu sur terre; au ciel, pas un nuage... et voilà que le soleil s'éclipse tout à coup... et voilà que se dessine au-dessus de l'horizon toute une ligne de blanches crêtes que ses rayons éclairent et dorent par derrière. Il est dans la nature de ces brusques changements de décor, de ces jeux de lumière que la féerie est impuissante à rendre et qui confondent le spectateur : j'ai salué la noble chaîne des Andes; car c'était elle qui, nettement distincte à plus de quatre-vingts lieues de distance, m'apparaissait comme en rêve! Dès demain, nous ne devons plus la perdre de vue; et cette pensée ranime mon courage comme elle endort toutes mes fatigues.

Nous eûmes encore, le soir, au moment d'arriver, un incident des plus intéressants : ce fut la traversée d'une nuée de sauterelles en voyage. Il devait y en avoir un nombre incalculable, car le bruit de leurs ailes était celui d'un vent violent. C'est toujours vers le nord que ces insectes, à cette époque de l'année, dirigent leurs migrations. Ils partent le soir, voyagent toute la nuit, et, si le vent vient du midi, ils se laissent porter par lui; dans ces heureuses conditions, n'élevant jamais leur vol à plus de dix mètres de terre, ils font, au clair de lune, jusqu'à trente lieues, dit-on.

Par suite du retard que l'absence des chevaux nous avait fait subir au relais du matin, il faisait nuit lors de notre arrivée au *rancho* de Totora.

Le *rancho*, littéralement « chambrée », est ici bien moins une auberge qu'une suite de hangars où couchent pêle-mêle hommes et chevaux en voyage. A Totora, ce jour-là, nous trouvâmes la place occupée par un transport venu de Mendoza, et force nous fut de pourvoir nous-mêmes au repas du soir comme à notre repos de la nuit. Ami du pittoresque, je pris gaiement mon parti de la chose ; le conducteur, les postillons et moi, nous nous groupâmes dehors auprès de la chaise de poste. En un instant un grand feu fut formé, auquel nous présentâmes un quartier de viande fiché en terre sur une longue broche. L'*asado* (rôti) était succulent, et nous y mordîmes à belles dents ; puis, sur nos lits dressés en demi-cercle, nous passâmes le mieux du monde une nouvelle nuit en plein vent.

Du rancho de Totora à Santa-Rosa. (Vingt-sept lieues de poste.) — Depuis le *rancho*, quoique courant encore le plus souvent à travers bois, la route s'améliore, et nous marchons plus aisément. Les bois sont plus riants, et la végétation semble reprendre un peu.

Poursuivi de l'idée de retrouver un de ces lièvres phénomènes, à chaque relais je mets pied à terre et vais fureter dans les taillis : la chaise me reprend au passage. Hélas ! le sort m'est contraire aujourd'hui, et c'est tout au plus si j'abats quelques pigeons pour le rôti du soir.

Il fait une forte chaleur ; mais à côté du mal nous avons le remède. Pour peu de chose, en effet, on se procure ici de gros melons et de vertes *sandias*. Ce dernier fruit est pour le voyageur une précieuse ressource. C'est une sorte de métis de citrouille et melon. Véritable boulet de canon, il est tout rond ; sous son écorce verte, il est tout rouge à l'intérieur ; sa chair, semée d'énormes pepins noirs, est fraîche, croquante et légèrement acidulée. Dorénavant, d'ailleurs, les fruits ne doivent pas nous manquer ; car voici déjà de bonnes pêches, et nous approchons de Mendoza, pays de vignes, où le raisin est de tout premier choix.

Il nous était encore réservé ce jour-là un étrange spectacle, intéressant, sans doute, mais dangereux, je puis le dire, et d'un effet pénible assurément. Une heure avant le coucher du soleil, nous fûmes assaillis et pris de flanc par une tempête de sable.

Annoncé depuis un instant par un groupe mouvant d'épaisses nuées couleur d'encre, l'ouragan venait à nous sous une forme visible, emportant avec lui des provisions de sable et répandant graduellement la nuit sur son passage. On fit arrêt, on retourna la chaise ; les postillons se couchèrent à plat ventre sur leurs chevaux, et la trombe passa. Ce fut l'affaire d'une minute environ, durant laquelle chacun de nous s'efforça de suspendre toute respiration ; puis, sans une goutte d'eau, la trombe s'éloigna comme elle était venue; le soleil reparut, et nous reprîmes le galop.

Pendant ce phénomène, qu'on dit assez fréquent, j'avais, en dépit des recommandations, ouvert le coin d'un œil rempli de curiosité; l'obscurité était presque complète, et je distinguais à peine la croupe des chevaux de timon. Quand ce fut fini, une vraie couche de sable adhérait à la chaise, et l'œil me brûla pendant quelque temps; mais ce fut peu de chose, et nous nous en tirâmes encore à fort bon compte, la gravité de ces incidents se mesurant à leur durée.

Enfin nous atteignîmes Santa-Rosa, lieu devenu célèbre pour avoir servi de théâtre à la sanglante bataille qui marqua le dernier jour de la récente insurrection mîtriste.

Là, nous trouvâmes ce qu'il fallait pour faire un horrible repas, et nous dormîmes sous un hangar, à la lueur d'éclairs incessants et au bruit d'un orage lointain.

De Santa-Rosa à Mendoza. (Vingt-trois lieues de poste.) — C'est aujourd'hui notre dernière étape, et la chaise de poste arrive ce soir à Mendoza. Le paysage est joli et la route excellente. On descend longtemps, en pente douce, de grandes allées de peupliers d'Italie, et bientôt on commence à traverser les vignes. Des oiseaux de tout plumage et d'espèces variées leur font une guerre acharnée; ils poussent des cris étranges et volent, curieux, autour de nous. J'en abats, en pleine marche, de l'espèce dite *loros*. Ce sont de grandes perruches aux tons verts, rouges et bleus. J'apprends sur ces oiseaux la particularité que voici : c'est un mets plein de saveur; toutefois, par un curieux retour des choses d'ici-bas, leur grosse tête renferme un poison très-subtil.

Cela me donne à réfléchir, et j'abandonne mes victimes à mon vieux compagnon, qui s'en montre des plus friands. De son grand coutelas, il leur tranche la tête, qu'il veut enterrer aussitôt; car il prétend qu'un chien, un homme ou toute autre « bête » qui voudrait en faire son repas tomberait sur place et ne se relèverait plus.

Me voici presque au bout de cette immense traversée de cent trente et une lieues de *pampas,* et mes lecteurs me reprochent sans doute de leur avoir trop peu décrit le pays parcouru. C'est bien pour cause, hélas ! Je l'ai dit : chaque chose offre son genre d'intérêt, et la *pampa,* avec ses horizons sans fin, ses plaines à perte de vue, ses animaux errants, frappe et saisit, sans doute, par son caractère éminemment grandiose et sauvage; mais, sans grande variété et partout trop homogène, elle échappe à la description que semblerait appeler un aussi long voyage.

Aujourd'hui le tableau s'anime et s'accentue ; certes, il est mieux fait pour réjouir la vue. En effet, par les jolis chemins dont j'ai parlé, nous descendons le versant d'une large colline. Au fond et sur un vaste espace, s'étend la ville de Mendoza, partout entourée de vignes. Derrière elle, comme panorama, voici, au premier plan, la chaîne dite *sierra de Mendoza,* contre-fort important de la Cordillère des Andes ; et plus loin, les Andes elles-mêmes, dont nous comptons les cimes et admirons les neiges. Sur le ciel se détache un pic de forme arrondie qui semble dégager spécialement pour nous sa tête des nuages ; c'est un volcan sans cesse en travail, ennemi particulier de la pauvre Mendoza.

La malheureuse ville a souvent à souffrir de tremblements de terre. Ils se produisent surtout en cette saison, et je ne manque, me dit-on, le dernier que de huit jours. Je ne sais si je dois me plaindre d'être arrivé trop tard ; en dehors des dangers qu'offrent ces phénomènes, je les crois tristement curieux, et le conducteur m'assure qu'une visite aux ruines de ce qui fut anciennement Mendoza m'en fera promptement passer le goût. D'ailleurs, que je le veuille ou non, durant les quelques mois que je vais consacrer encore à la visite de ces contrées, j'échapperai difficilement, je crois, à l'une ou l'autre secousse de tremblement de terre.

Bien avant la soirée, nous touchions aux faubourgs de la ville, qui, pauvrement peuplée, est cependant fort grande, et la chaise, un quart d'heure après, me déposait à l'hôtel du *Ferro-Carril,* tenu par un Basque français.

XIX

MENDOZA

Aspect de la ville. — Le tremblement de terre de 1860 et les ruines de Mendoza. — Environs de Mendoza. — Les vignes.

C'est pour le voyageur une bonne et rare fortune que de se trouver, en quelque pays que ce soit, l'hôte d'une vraie ville d'intérieur qui, comme Mendoza, à cent lieues à la ronde, ne connaît pas de chemin de fer. Et si cette ville a vingt mille habitants, si elle est commerçante, si elle sert de transit entre deux grands pays comme la république Argentine et le Chili, de combien ne grandit pas encore l'intérêt qu'elle commande!

Arrêtons-nous-y donc un moment : Mendoza est, du reste, une halte forcée sur la route des Andes.

On pourrait reprocher à cette ville étrange son cachet décidément trop moderne, si l'on perdait de vue que la vieille cité fondée à cette place même par don Mendoza, fils d'un vice-roi du Pérou, périt de mort violente il y a vingt ans à peine; mais chacun se souvient de l'affreux tremblement de terre qui, le 21 mars de l'année 1860, la détruisit de fond en comble, ensevelissant sous ses ruines plus de quinze mille habitants.

Soit que la catastrophe ait consterné les survivants et que leur esprit superstitieux leur ait fait fuir des lieux qu'ils estimèrent maudits ou frappés de prodige, soit que les matériaux de la ville détruite n'en valussent pas la peine, jamais on ne releva ces importantes ruines. On les abandonna, et le touriste est d'avance certain de n'y rencontrer âme qui vive lorsqu'il s'y promène aujourd'hui.

Cependant, tout à l'entour, on construisit une ville nouvelle qui s'étendit et se forma d'autant plus rapidement qu'on se montra moins jaloux d'y élever encore soit des palais, soit de grands monuments. On traça des rues larges sur un terrain d'assez peu de valeur, et tous se contentèrent de maisons uniformes, sans apparence, sans étage, tout bonnement faites de terre, c'est-à-dire de grosses briques jetées sans luxe et sans ciment.

Ces briques, dont huit jours de soleil ont seuls opéré la cuisson, en valent quatre des nôtres. Leur composition est bien simple : la terre à fleur de sol, un peu de sable, de l'eau et quelques fétus de paille servant à lier le mélange. On fait sans plus de frais des constructions épaisses et résistantes; l'absence de ciment dispense de maçons; les briques superposées sont simplement plaquées d'une couche de terre humide, et ce genre de bâtisse, s'il manque d'élégance, convient du moins parfaitement au pays, car il conserve, en cas de secousses du sol, une extrême élasticité.

On conçoit que l'aspect d'une ville élevée dans de semblables conditions soit plutôt empreint de tristesse et d'une sévère mélancolie; cependant la longueur[1] et la largeur de ses rues, l'étendue de ses places, ses grandes allées de peupliers y forment encore une note assez gaie.

De plus, merveilleusement placée au pied des Andes et sous une de leurs chaînes avancées,

[1] La rue San Nicolas a près d'une lieue de long.

Mendoza jouit d'un climat salubre et tempéré qu'attestent surabondamment ses vignes et sa végétation. Il y pleut à peine, et cependant la Cordillère lui fournit une abondance d'eau telle que de chaque côté de ses rues coule un ruisseau qui souvent devient presque un torrent. Un léger pont de bois fournit à chaque maison l'accès de l'allée principale, tandis que des ponts de pierre ouvrent les rues transversales à la grande circulation. Il règne en ville assez d'activité : le commerce est vivant; de grands convois de mules promènent par les rues les chargements les plus divers.

Souvent aussi d'immenses troupeaux de bœufs, venus du fond des *pampas,* traversent, à destination des Andes, cette ville qu'ils regardent d'un air étonné, ahuri. C'est une fête pour moi : j'accours sur leur passage ; à les voir, il me semble retrouver de vieux amis. A leur tête, derrière eux ainsi que sur leurs flancs, chevauchent les *troperos* aux vêtements poudreux, à la face noircie. Tous se dirigent vers l'hôtel du Gouvernement. Là les attend une longue besogne : ils vont faire légaliser les papiers constatant la propriété, l'identité de chaque bête et son droit à l'exportation.

Ma première visite, on le pense bien, fut pour les ruines de l'antique Mendoza, qui occupent aujourd'hui, au centre même de la ville nouvelle, un large espace de terrain.

En général, les ruines ont un côté sauvage, mais poétique, qui de lui-même attire et séduit; ici, le spectacle est navrant : sur un sol encore tout craquelé, d'énormes pans de murs, des colonnes, des fragments de monuments sérieux attestent la supériorité de l'ancienne Mendoza sur celle d'aujourd'hui. Au milieu d'un fouillis de briques entassées, ils semblent ne se tenir debout qu'en vertu d'une loi d'équilibre inconnue.

Ce qui frappe surtout, ce sont les restes d'un couvent et d'une église immenses, encore agrémentés de tous les ornements de la vieille architecture espagnole, et sans doute mieux conservés en raison de la solidité de leur masse imposante. Les ruines de l'église recouvrent à elles seules une notable partie des victimes; en effet, c'est durant les offices du carême, alors qu'elle regorgeait de fidèles, qu'eut lieu la catastrophe. Chacun peut librement encore le constater; car, chose impardonnable sans doute, mais d'ailleurs caractéristique de ces pays qui se croient civilisés! des ossements humains y sont encore à découvert et chaque jour foulés aux pieds par les visiteurs.

Une bonne calèche attelée de deux mules, et au prix innocent d'un *real* ou cinquante centimes la course, me promena longtemps par les rues de la ville, puis, à travers champs et vignes, jusqu'au pied même des montagnes. Rien ne m'a plus frappé, durant cette excursion, que l'ingénieuse façon dont on amène et distribue les eaux. Tous les travaux d'irrigation concernant les champs et les vignes semblent admirablement compris, et chacun se sert de ses eaux sans dépendre nullement du voisin.

De plus, chaque propriété privée a son enceinte particulière de quatre murs de terre qui en défendent l'entrée aux animaux errants. Mille petits sentiers serpentent entre ces murs : ce serait un dédale à ne s'y pas retrouver si les allées de peupliers n'indiquaient à peu près partout les voies de communication ainsi que leur direction.

De superbes vignobles entourent Mendoza. Ils occupent une superficie évaluée à quatre mille hectares environ. Ici comme au Chili, la vigne est en parfait état, le raisin bien venu, liquoreux, succulent; et toutefois, affaire de sol ou de climat, le vin ne se fait pas. Aussi le boit-on jeune et souvent même en pleine fermentation. C'est alors un breuvage acide autant que trouble, une sorte de cidre de raisin qui, sous le nom grotesque de *chicha,* n'est guère apprécié que des palais indigènes. Quant au peu de vin d'âge qui se consomme en ces endroits éloignés, il est importé de France, et le prix qu'il atteint se ressent du voyage autant que le vin lui-même. En tant que fruit, toutefois, je le répète, rien ne vaut, selon moi, le raisin de Mendoza.

C'est, d'ailleurs, de ce côté que le pays est le plus renommé pour ses fruits : les figues, les grenades, les pêches y abondent. Le pêcher notamment est l'arbre qui y vient le mieux, et il y croît en si grand nombre que fréquemment on se chauffe de son bois

XX

PASSAGE DE LA CORDILLÈRE DES ANDES

Préparatif de départ. — Ma caravane. — Six journées de mule. — *Première journée :* De la Chimba (Mendoza) à Villa-Vicencia. — *Deuxième journée :* De Villa-Vicencia à Uspallata. — *Troisième journée :* De Uspallata à Punta de las Vacas. — *Quatrième journée :* De la Punta au pied de la Cordillère proprement dite. — *Cinquième journée :* Du pied de la Cordillère à los Hórnos. — Passage du col de la Cumbre. — *Sixième journée :* De los Hornos à la ville de Santa-Rosa de los Andes. — Chemin de fer des Andes à Santiago du Chili.

Me voici parvenu à la partie la plus rude, la plus sévère, mais incontestablement aussi la plus intéressante du voyage.

C'est en effet bien plus pour traverser les Andes que pour voir Mendoza ou parcourir l'éternelle *pampa,* que j'ai choisi, pour me rendre au Chili, cette route ingrate et peu suivie.

Pour me distraire d'une course de cent trente

PASSAGE DE LA CORDILLÈRE.

et une lieues à travers un pays déjà précédemment connu, j'ai maintenant à franchir, sous le charme de leurs aspects sévères, mais nouveaux, quatre-vingt-cinq lieues de montagnes. A mes cinq jours de poste vont succéder six jours de mule; alors seulement, avec le chemin de fer, le repos, le confort et la vie facile me seront rendus au Chili.

N'achète ou ne loue pas qui veut des animaux pour un pareil voyage. Trouverait-on des gens tout prêts d'ailleurs à les fournir, il en faudrait encore trouver pour les mener, et c'est là le point capital. Le mieux est donc d'utiliser le mouvement commercial amenant à Mendoza les mules du Chili, de faire accord avec quelque *arriero* ou conducteur de convoi, et de profiter de son voyage de retour. A prix d'argent, on distribue soi-même le temps, on fixe les étapes, en même temps qu'on affecte à son unique usage les bêtes de son choix.

C'est ainsi que je fis : le hasard me servit à souhait, et je pus confier mes hardes et ma personne au meilleur comme au plus connu des *arrieros* chiliens. J'arrêtai quatre de ses mules : je débattis avec lui le prix et le plan du voyage. Puis nous fixâmes le départ au lendemain de grand matin ; et, pour plus de facilité, il fut convenu que, sortant de la ville le soir même, nous irions passer notre nuit au *rancho* [1] de la *Chimba* [2].

Voici maintenant comment se composait notre caravane : une belle jument noire, du nom devenu célèbre de *Dora,* conduisait dix-sept mules, dont dix au plus étaient chargées, le reste nous étant réservé. Deux *peones* ou domestiques avaient la garde du troupeau ; l'*arriero* et moi, nous suivions.

L'ensemble de la troupe ne laissait rien à désirer : toutes les mules étaient de bonne race, et nos gens coquettement équipés. Luxe suprême ! au cou de la jument pendait une cloche d'argent qui tinte encore à mon oreille.

Quant à Saturnino, chef et conducteur du convoi, c'était un fort bel homme et le type achevé du parfait *arriero.* Brave autant que prudent, honnête, empressé, complaisant, il fut pour moi un compagnon, presque un ami ; et je me plais à le recommander à ceux de mes lecteurs qui

---

[1] Le lecteur se souvient sans doute que les *ranchos* sont de vastes hangars qui abritent la nuit hommes, bêtes et bagages.
[2] La *Chimba* est, du côté de la route des Andes, l'un des faubourgs de Mendoza.

PASSAGE DE LA CORDILLÈRE.

pourraient être assez heureux pour avoir, à leur tour, besoin de ses services.]

On comprend, en effet, combien il est important d'avoir affaire, dans une expédition de ce genre, à des gens sûrs, intelligents, honnêtes la route par elle-même offre assez de périls, il y a dans la montagne assez d'Indiens errants, pour que le voyageur entièrement livré à la merci de ses guides n'ait pas encore à se défier d'eux.

Prévenu que j'aurais à faire face à tous mes besoins pour la semaine entière, j'avais chargé l'une de nos mules d'un énorme quartier de bœuf et d'une caisse contenant des conserves et du vin. En fait d'armes, un revolver américain de gros calibre ainsi qu'un large coutelas garnissaient une ceinture qui depuis longtemps ne me quittait pas.

J'étais donc prêt pour le départ, lorsque l'idée me vint, en quittant Mendoza, de faire affiler ma grande lame,

> Qui, découpant souvent des mets peu délicats,
> Aux campements du soir servit à mes repas,
> Mais que je ramenai de ces terres lointaines
> (Le ciel en soit béni!) vierge de chairs humaines!

Chose étrange! l'armurier auquel je confie ce

travail m'étonne par son regard et sa conversation. Ses traits, sa vivacité, son accent, tout en lui trahit le Français. Il l'est, en effet. Je l'interroge : il vit ici depuis quelques années, et se morfond dans sa nouvelle patrie; mais « les affaires sont les affaires », me dit-il, et « il n'est point de sot métier ». Grande fut ma surprise quand plus tard je connus son véritable nom. Hélas! il est de ceux que l'on ne cite pas! Ce fut un membre actif, disons même, une des têtes de la Commune de Paris.

———

Première journée : *De la Chimba* (Mendoza) *à Villa-Vicencia.* (Quinze lieues.) — Chaudement vêtu, ficelé dans de bonnes couvertures, j'avais le mieux du monde passé sur mon lit de camp cette nouvelle nuit de *rancho*. Le jour pointait à peine que, m'arrachant brusquement aux rêves les plus compliqués, Saturnino me prévint que le boute-selle allait sonner. Le temps était couvert et froid; je ne demandais qu'à marcher : nous partîmes.

« Nous trotterons un peu ce matin, me dit

mon guide ; ce sera l'unique fois que nous le pourrons : profitons-en. »

C'est qu'en effet, pour gagner le pied des montagnes, nous avons à faire ce matin six lieues de plates bruyères. La route s'en ressent et se trouve par là même dépourvue d'intérêt. Heureusement, pour charmer le regard, nous ne perdons pas de vue le triple plan des chaînes à franchir : celle dite *sierra de Mendoza,* d'abord ; celle, bien plus élevée, de *los Paramillos,* ensuite ; et enfin la Cordillère proprement dite, au fond.

Un caractère particulier de sécheresse distingue ces bruyères qu'on foule si longtemps : le sol et l'air y sont imprégnés de chaux, et le *cerro de Cal* qui se dessine à l'ouest fait honneur à son nom : il en est blanc de la base au sommet.

En se rapprochant des montagnes, on trouve un puits d'une eau potable. C'est pour le voyageur une heureuse fortune ; car l'eau, sur tout le parcours, fait défaut ce jour-là.

La gorge par laquelle on s'engage dans la sierra de Mendoza a une largeur immense. Les vents qui s'y engouffrent produisent en se jouant de curieux phénomènes : ainsi, s'y élèvent verticalement de petits tourbillons de poussière alcaline blanche qui se dessinent en entonnoirs aussi étranglés par la base qu'ils sont évasés au sommet.

Bientôt commence l'ascension. On suit un chemin boisé sur une pente demi-rapide, et le panorama de montagnes où dominent les schistes argileux, sans offrir encore rien de bien majestueux, ne laisse pas que d'intéresser jusqu'à Villa-Vicencia. Là se trouve une maison qui, à une hauteur de 1718 mètres déjà, soit à peu près à mi-chemin du sommet à franchir de la sierra de los Paramillos, occupe un délicieux endroit. Le torrent du Paramillo, que l'on remonte le lendemain, y joint ses eaux à celles que lui envoie du sud un pittoresque et célèbre ravin.

Je savais qu'en ce ravin il existait des sources thermales sulfureuses alcalines réputées dans tout le pays. C'était une course à pied un peu longue peut-être ; mais nous étions arrivés de bonne heure : je l'entrepris.

L'ascension d'une petite colline me fournit tout d'abord un spectacle grandiose en même temps qu'inattendu : par une soudaine échappée de vue, l'œil plonge tout à coup sur une sorte d'immense mer à peine ridée çà et là : c'est un dernier aspect des *pampas*... Et j'avoue qu'au moment de m'en éloigner pour jamais, j'eus un instant de profond regret. Ah! c'est qu'elles sont réellement d'une étrange beauté, ces plaines reculées que Dieu se plut à marquer du cachet de sa grandeur et de son immensité!

Le temps me pressait : je leur dis adieu; et, poursuivant sa route, j'atteignis lestement le but de mon excursion.

Là, dans un pli de rocher, par l'un de ces caprices qui lui sont familiers, la nature a jeté un prodige étonnant : ce sont deux sources presque jumelles, dont les ruisseaux se croisent à cent mètres de là, et qui cependant diffèrent entre elles du tout au tout; l'une est thermale et l'autre naturelle; celle-ci d'un froid de glace, celle-là chaude et fumante; chacune, enfin, d'une eau que sa nature rend dangereuse à boire... et de leur réunion, dix pas plus bas, naît un large ruisseau d'une eau fraîche, limpide et salubre à la fois.

Il y avait alors en ces lieux, campé sous un toit de broussailles, un ménage de vieux *gauchos*. Célébraient-ils leurs noces d'or ou étaient-ils venus demander à la vertu des sources un nouveau bail de vie? Je l'ignore; mais ils semblaient heureux, presque gaillards. Je me figurais voir Philémon et Baucis; bref, ils m'intéressaient : j'approchai. Pour le moment, Baucis, utilisant la source chaude, s'occupait (ô scandale!) à y laver quelque guenille, tandis que, pesant de tout son poids sur un bâton de son âge, le vieux me dévisageait d'un œil encore presque brillant. Je vins les saluer, j'acceptai leur *maté,* et nous nous mîmes à causer. Ils me comprirent, j'aime à le croire; pour moi, ce fut bien différent; car à chaque question ils répondaient ensemble, à qui plus fort, et l'espagnol à leur usage était à ce point chargé de patois et d'indien, qu'à l'heure qu'il est je me demande encore ce qu'ils m'ont sans doute débité d'intéressant ou tout au moins de gracieux.

La nuit venait : je m'empressai de regagner le campement. Là m'attendait un premier carré de bœuf en train de rôtir à l'air sur des charbons ardents.

Deuxième journée : *De Villa-Vicencia à Uspallata.* (Quinze lieues.) — L'ascension se poursuit, rapide, longeant le torrent du Paramillo.

Les montagnes s'élèvent, la végétation disparaît, le coup d'œil devient imposant. Nous gravissons longtemps la pente presque à pic d'un volcan désolé. Il souffle une froide bise : nous grelottons, et cependant défense nous est faite de faire sur nos selles le moindre mouvement; c'est que cette partie du chemin offre de vrais dangers et que nos vaillantes mules n'ont pas trop de tout leur aplomb : sur des pierres roulantes ou des roches peu sûres, le dos voûté, la tête basse, elles glissent à chaque instant.

Hélas! c'est presque pis au sommet : là, nous entrons en plein dans les nuages. Un brouillard épais et glacé nous entoure, et la bise a fait place au vent le plus violent. En échange de la vue que pourrait nous offrir un plateau élevé de trois mille soixante-seize mètres, voici pour nous la nuit presque complète : on ne distingue rien à dix pas devant soi.

Mon guide cependant cherche à me consoler. Il m'apprend que sur ces crêtes humides, rocheuses, désolées, on n'échappe presque jamais à ces vents pénétrants, à ces brumes insensées; il paraît même qu'il fait plus froid aux Paramillos que sur bien d'autres pics de beaucoup plus élevés.

La descente, longue sans doute, mais aussi

bien plus sûre, ne nous prend guère moins de deux heures.

A peine sortis des brouillards, nous revoyons le soleil, qui éclaire pour nous le joli bassin du *Guyo*. Ses rayons, se jouant sur des montagnes nues, mais de tons si divers, si tranchés, qu'on les dirait peintes, et mettant tour à tour en valeur les nuances les plus excentriques, nous payent de nos peines récentes.

L'horizon s'élargit à mesure qu'on avance, la vue devient de plus en plus féerique. Comment chiffrer les pics qui partout nous entourent? Quelle majesté dans ces montagnes! Quelle variété de formes, de couleurs! Quel tableau! Non, jamais, en peinture, on ne voudrait y croire!

Qu'est-ce donc si l'on tient compte des secousses profondes, des tremblements de terre qui, dans ces régions tourmentées, mettent constamment à nu de nouvelles couches de terrain? Ils font et défont des montagnes; ils en multiplient les crevasses, en changent les contours, en diversifient les aspects; et tandis qu'en bas les torrents se sont, avec le temps, creusé des lits invraisemblables, là-haut, des masses confuses et des roches sinistres semblent devoir, au premier souffle, aller grossir les débris de tant d'autres accumulées à leurs pieds.

Je viens de dire le merveilleux effet produit par les mille nuances qui, à peu près partout ici, tranchent et peignent les terrains. Ces nuances, reflet de la nature même du sol, témoignent, en cet endroit, d'une richesse minérale des plus exceptionnelles. C'est en effet la région préférée des plombs argentifères, du peroxyde de manganèse et du fer olégiste. On les trouve presque à fleur de terre, et la route que nous suivons traverse deux filons de ce dernier métal. Il y a aussi tout à côté, quoique sans doute en moindre quantité, de l'or, du cuivre, du soufre et du mercure.

Si tant de réelles richesses restent encore inexploitées, la cause en est surtout dans la difficulté et le prix des transports. Le manque de bras, de ressources, d'outillage, comme aussi les bouleversements dus aux phénomènes internes, sont autant d'obstacles à des établissements sérieux.

Nés de l'initiative privée, bien des travaux d'exploitations diverses furent successivement entrepris, puis abandonnés... et la ruine répond encore aux essais plus modernes de nouveaux pionniers que n'a point convaincus l'insuccès de leurs devanciers. Ainsi en est-il d'une mine d'or que nous venons de traverser.

S'ensuit-il que ces immenses trésors que le ciel semble lui avoir si libéralement départis resteront à jamais ensevelis dans la Cordillère ? Je ne le pense pas, et je crois plutôt qu'un jour viendra où des peuples entiers, attirés vers l'Amérique du Sud, vers ce pays si riche quoique si peu connu et notamment si pauvrement peuplé, feront, ainsi qu'elles le méritent, valoir au profit de tous ses prodigieuses ressources.

Au fond du bassin du Guyo et en tête de la longue vallée qui sépare des Andes la chaîne des Paramillos, est la ferme d'Uspallata, où se trouve la douane argentine. Nous allons y passer la nuit.

Troisième journée : *D'Uspallata à Punta de las Vacas.* (Vingt lieues.) — C'est aujourd'hui notre plus forte étape, et douze heures nous suffiront à peine pour la faire. Nous avons en effet à traverser le bassin du Guyo, puis à remonter toute la vallée d'Uspallata, sur la rive gauche du Rio de Mendoza, torrent qui prend sa source au célèbre volcan Tupungato [1].

La pente est peu rapide ; mais le chemin, semé d'obstacles, est aussi fatigant que long. De plus, dans la vallée, que visitent sans cesse les vents les plus violents, on souffre d'une poussière calcaire, argileuse et saline, dont la propriété est d'aveugler parfois, ou tout au moins d'exercer sur la peau de funestes ravages. Je sais bien qu'au moyen de gants, de voiles, de lunettes à coquilles, on s'en préserve plus ou moins les mains, le visage et les yeux ; mais voici bien un autre inconvénient : comme cette poussière pénètre à travers tout et que son contact avec l'eau augmente encore ses ennuyeux effets, on me condamne, sous peine d'accident, à renoncer dès ce moment aux moindres ablutions. Ce pénible état de choses durera tant que nous foulerons le sol de ces hautes régions, c'est-à-dire deux jours et demi environ ; toutefois, je m'y résigne encore assez gaiement, estimant qu'ici la nature offre à ces petits ennuis de suffisantes compensations.

---

[1] Ce volcan, qui mesure une hauteur de 6,710 mètres au-dessus du niveau de la mer, est, en élévation, la seconde montagne d'Amérique. La première est l'Aconcagua, qui s'élève à 7,300 mètres.

Quoi de plus grandiose, en effet, et de plus hautement pittoresque à la fois que cette vallée d'Uspallata, qui, bordée de montagnes aux pics chargés de neige, aux flancs rocheux et crevassés, aux reflets chatoyants, roule à leur pied son sauvage torrent ! C'est le plus souvent dans le lit même de ce dernier, sur de grands bancs de sable, à travers les décombres ou sur la roche vive, en corniche, que serpente la route ou plus exactement le sentier que nous suivons. Les terrains semblent volcaniques ; et, chose digne d'attention, on traverse deux coulées d'une éruption boueuse encore récente.

Le torrent de Mendoza, profond parfois de cinquante mètres, est en certains endroits large de plus d'un kilomètre. C'est évidemment le lit d'un glacier disparu.

A mi-chemin du parcours est une halte commandée par le charmant endroit appelé *la Cortadera*. Là, une étroite mais profonde crevasse sépare de haut en bas toute la masse rocheuse d'une haute montagne, livrant passage à un ruisseau d'une eau vraiment incomparable.

Peu après, on gravit la petite chaîne dite *Paramillo de las Vacas,* qu'on s'étonne de trouver comme enclavée dans la grande vallée.

Enfin, laissant à gauche le Rio de Mendoza, on passe, sur un joli pont de bois construit aux frais du gouvernement argentin, le fougueux torrent de *las Cuevas,* qu'il faut remonter le lendemain, et l'on arrive à la triple bifurcation de *Punta de las Vacas* (pointe des vaches). Là, un semblant d'auberge est tenu par un groupe chilien.

Quatrième journée : *De la Punta au pied de la Cordillère proprement dite.* (Dix lieues.) — De fort bonne heure, ce matin, je me réveille sous l'impression d'un froid glacial et pénétrant. Cela se conçoit : sise au point de jonction de trois longues vallées et recevant de face tous les vents qui s'y croisent, l'auberge chilienne semble un défi jeté à des tempéraments d'acier.

J'occupais sur le devant une pièce ou, pour mieux dire, un trou de six mètres carrés; encore n'y étais-je pas seul. Mon compagnon et moi, nous n'échangeâmes que peu de mots; mais après un court examen je conclus que je partageais la chambre d'un Indien. Or, tandis que le matin, m'étant fait apporter un petit *brazero,* je l'invite à s'en approcher : « Voici le mien », me dit-il, et d'un bond il plonge tout entier dans une cuve d'eau glacée. Je frissonnai ; et mieux que jamais je me consolai de ce qu'on m'eût interdit, à moi, l'usage de l'eau.

En quittant la Punta, on laisse derrière soi le volcan Tupungato, et, bifurquant à l'ouest, on remonte la vallée plus large et moins accidentée de *las Cuevas* ou des Cavernes.

Majestueux, imposant, colossal, un autre grand volcan aux neiges éternelles forme point de vue à l'horizon. C'est l'Aconcagua [1], le géant des Andes et la plus haute montagne du nouveau monde. Ce serait du monde entier la plus haute connue, si dans l'Asie centrale les monts Himalaya ne donnaient, pour cinq pics, des chiffres encore plus élevés [2].

---

[1] On croit communément que le Chimborazo est le plus haut des pics de la chaîne des Andes. C'est une erreur : les mesurages les plus sérieux et les plus récents ont donné les chiffres suivants :

Pour le Chimborazo . . . . . 6,530 mètres.
Pour le Tupungato 6,710
Et pour l'Aconcagua 7,300

[2] Aux monts Himalaya, cinq pics varient entre 8,000 et 9,000 mètres.

C'est sur le dos de ce colosse, au col connu sous le nom de *Cumbre de la Iglesia* ou simplement *Cumbre,* qu'à plus de six mille mètres au-dessus du niveau de la mer, soit au moins douze cents mètres plus haut que la cime du mont Blanc[1], je vais franchir les Andes et passer définitivement de la république Argentine au Chili. Aussi n'est-ce point sans un vif intérêt, sans une réelle émotion que je contemple le volcan. Combien je brûle d'impatience! Dans quel état fiévreux j'attends la journée de demain! Voyageur, je vais donc voir se réaliser enfin l'un de mes plus beaux rêves, un de mes projets les plus anciens!

Mais, pour l'instant, de nouvelles merveilles me rivent encore à la plaine. A mi-chemin de la vallée, on passe, sur le pont de l'Inca, le Rio de las Cuevas.

S'il est de par le monde un prodige de la nature qui, par sa grandeur même et la diversité de ses combinaisons, semble devoir plus que tout autre échapper à la description, c'est bien assurément celui qui en cet endroit s'impose à mon admiration. En peu de mots, j'essayerai cepen-

---

[1] Le mont Blanc a 4,810 mètres d'élévation.

dant d'en donner au lecteur une lointaine image.

Le pont de l'Inca (*Puente del Inca*) est un pont naturel. Il se compose d'une grande voûte formée par des dépôts calcaires d'une eau qui, sortant constamment d'entre les roches voisines, les a recouvertes en couches horizontales successives. La voûte a vingt mètres de long, quinze de large, et une épaisseur qui, de cinq à huit mètres, varie au cours des saisons. L'arche naturelle se conserve grâce au passage continuel du Rio de las Cuevas, et le torrent, précisément au-dessous d'elle, se précipite en superbe cascade. Toujours sous cette même arche bouillonnent, à mi-côte dans les rochers, trois sources chaudes d'eau thermale dont le trop-plein va joindre le torrent. Enfin, comme pour donner le coloris au tableau, il n'est pas de teintes dont ces eaux minérales n'aient peint les rochers au passage, tandis que des infiltrations ont tapissé la voûte même d'immenses stalactites d'un blanc de neige aux reflets d'argent.

Il y a encore à fleur du sol, au-dessus du pont, quelques sources semblables, quoique moins importantes. Le carbonate de chaux et l'oxyde de fer paraissent les éléments chimiques dominants de ces eaux; et quoique leurs propriétés médicales ne soient encore qu'imparfaitement connues, elles ont déjà fait de belles cures et passent pour souveraines contre le rhumatisme et la paralysie.

A quelques milles au delà de *Puente del Inca,* nous repassons le torrent, sur un pont, naturel également, mais d'un genre bien différent. Cette fois c'est simplement un quartier de roche tombé en travers du torrent et dont il a fallu d'ailleurs approprier le passage.

Bientôt la route gravit une montagne curieuse, le *Paramillo de las Cuevas,* qui sert de marchepied à la Cordillère des Andes. Ce ne sont que décombres, crevasses et ravins : tenons-nous bien.

Nos mules ont bon pied, du reste, et bon courage. Si, marchant à plat terrain, elles affectent parfois une allure endormie, c'est qu'elles se recueillent sans doute et veulent réserver leurs moyens; mais il faut voir combien elles s'éveillent et s'animent à l'obstacle; avec quelle décision, avec quelle assurance elles placent l'un devant l'autre un pied qui n'hésite jamais ! admirables en ces moments où rien ne peut les distraire de la précision mathématique de leurs moindres mouvements.

Cependant le sommet est atteint; nous redescendons pendant quelques milles, et voici que la vallée semble fermée par un grand mont. C'est la *Cumbre :* c'est le point à franchir de la Cordillère proprement dite.

Ainsi le voilà donc, le but suprême de ma lointaine expédition ! Déjà se dessine sur la montagne le chemin qui la grimpe en serpentant. La neige est à nos pieds [1]... nous narguons le mont Blanc ! Entre la mer et nous, verticalement, plus de cinq mille mètres... Quel abîme ! et nous allons monter toujours !

Mais la nuit vient : ce soir, au pied du col, nous organisons le bivac, heureux de pouvoir mettre au moins nos personnes sous l'abri d'une *casucha.* On nomme ainsi des huttes de refuge établies en certains endroits pour garantir le voyageur que surprennent dans ces parages la tempête ou la nuit : sorte de fours en briques, élevés sur un massif de trois mètres de haut pour surplomber toujours les neiges. La chambre est ronde ; elle a cinq mètres en tous sens, et ne reçoit de jour que d'une porte basse. On y accède par un escalier extérieur fait de pierres roulantes.

---

[1] Il faut tenir compte du climat qui, à cette latitude, fait remonter considérablement le niveau des neiges éternelles.

En dépit du peu de confort d'un si rustique abri, j'y dormis d'un profond sommeil, tandis qu'il gelait ferme et que les vents déchaînés faisaient rage au dehors.

Cinquième journée : *Du pied de la Cordillère à los Hornos.* (Quinze lieues.) *Passage du col de la Cumbre.* — Le jour se lève à peine, et déjà nous songeons à nous remettre en marche. C'est que tout instant n'est pas bon pour gravir ces sommets géants : dès neuf heures du matin, les vents y soufflent si violents qu'il y aurait folie à vouloir les braver : fatalement, le cavalier serait jeté à bas de sa monture, et parfois la bête elle-même aurait peine à se tenir debout.

Au sortir de la *casucha,* un spectacle terrifiant s'impose à notre vue : là-bas, à quelques cents mètres de nous, une haute montagne a fléchi par la base et s'est effondrée tout d'un bloc, roulant au fond de la vallée de vrais colosses de granit; un vide immense, un véritable abîme marque distinctement la place qu'elle occupait dans les crêtes voisines !

En raison de la hauteur où nous sommes déjà parvenus, la montée de la *Cumbre* se réduit tout au plus à deux heures d'ascension ; mais celles-ci nous paraissent longues, accompagnées qu'elles sont de maint désagrément. Il y a d'abord ce vent terrible et pénétrant qui nous force, au départ, à ficeler de toutes pièces nos moindres vêtements ; puis un froid vif, dont l'intensité s'accroît encore à l'arrivée de chacune des nouvelles rafales qui nous soufflent au visage les glaces et les neiges des pics environnants ; enfin, les troubles organiques (*la puna*) qu'engendre à ces hauteurs la raréfaction de l'air.

C'est là le pire inconvénient : c'est à peine si l'on respire ; nous éprouvons une étrange oppression, comme si, détaché des flancs de la montagne, un quartier de rocher pesait sur nos poumons.

Nos mules souffrent autant et plus que nous de ce pénible phénomène : à toutes minutes, haletantes, elles s'arrêtent. Il faut les laisser faire ; aussi bien, d'elles-mêmes, elles repartent bientôt, tandis qu'à les brusquer on risquerait leur vie.

Nous voici, tant bien que mal, parvenus au sommet. Au haut de la *Cumbre*, il n'y a pas de plateau : le col fait toit, et l'on s'y trouve à cheval sur la république Argentine et le Chili.

Autant pour jouir de la vue que pour prendre un peu de repos, autant pour voir encore le pays que je quitte que pour saluer un pays nouveau, je commande : « Halte ! » et nous stoppons.

Je ne m'étais certes pas exagéré le tableau : ils étaient là, rangés derrière nous, les monts que depuis cinq jours nous tournions, et bien d'autres, figurant à nos pieds une armée de géants! Leur chef, l'Aconcagua, sur l'épaule duquel nous paraissions assis, dressait encore, à près de huit cents mètres au-dessus de nous, sa tête volcanique et chenue. Du côté du Chili, toute la route à suivre, la vallée de l'Aconcagua, se dessinait, avec sa prodigieuse diversité de plans et de détails, en superbe panorama. Vus de haut, ces sommets puissants et ces sauvages profondeurs sont d'un coup d'œil étourdissant.

Longtemps notre regard, planant au-dessus des Andes, suit les abîmes sans fond, les versants escarpés, les moindres soubresauts de ces crêtes tourmentées... Et nous, que jusqu'ici pas un être vivant n'avait accompagnés, nous saluons quelques condors, rois absolus de ces hautes régions, qui semblent s'étonner de nous voir venir, si hardis, troubler leur repos en ces lieux.

La descente sur le Chili est on ne peut plus rapide : par suite, elle est très-pénible et souvent périlleuse. Elle se fait en escaliers, et l'on dégringole, pour ainsi dire, successivement sur cinq plateaux.

On n'imagine pas le degré de déclivité de la première de ces rampes. De plus, en cet endroit, nulle trace de chemin... rien que des pierres roulantes, lesquelles, à chaque pas, se détachent, s'élancent et ne s'arrêtent plus. Çà et là, quelques croix de sinistre souvenir, une carcasse à demi rongée, voire même des ossements humains abandonnés attestent qu'ici même hommes et mules ont péri. Je regarde Saturnino : « Patron, me dit-il, soyons prudents ; la place est peu commode, mais tout ira bien, je l'espère. » Puis, comme s'il se flattait de me rassurer, le brave homme : « Tout ce monde-là, ajoute-t-il, n'est d'ailleurs pas mort d'accident ; il doit en revenir une bonne part aux Indiens. » Ainsi, ce n'est donc pas assez que sous nos pas la nature ait accumulé ses plus puissants obstacles, ses plus grandes difficultés ; il faut encore que de l'espèce humaine nous ayons tout à redouter ! Par bonheur, les Indiens sont rares et fort disséminés de ce côté ; de plus, ni or, ni troupeaux à voler ; nous n'avons rien qui puisse fortement les tenter.

La seconde rampe présente, s'il est possible, encore plus de dangers. Cette fois, c'en est trop ! Je n'échappe au vertige qu'en mettant pied à terre : alors, moitié glissant, moitié roulant, je suis ma mule à son allure, m'efforçant de mettre le pied dans chacun de ses pas.

Je m'arrête au plateau, devant la grande lagune verte dite *Laguna del Inca*. Émeraude enchâssée dans un anneau de porphyre, cette lagune aux eaux vertes et dormantes nous apparaît de loin, sévèrement encaissée dans un amphithéâtre de hautes et sombres roches. N'est-il pas merveilleux de rencontrer ainsi, à une élévation d'au moins quatre mille mètres, un lac dont le volume d'eau doit être incalculable; car, indépendamment de sa grande surface, il est, paraît-il, insondable! C'est, à n'en point douter, la débâcle des neiges comblant l'ancien cratère d'un immense volcan.

Ce lac m'intrigue : je voudrais le voir de près; mais il est réputé maudit une tradition vieille de plus d'un siècle le dit hanté par les esprits. C'est mon guide qui me l'apprend, et telle est, par malheur, sa foi dans ces légendes, qu'à prix d'or je ne puis l'amener à m'y conduire.

Serait-ce le voisinage de la lagune? J'ai tout lieu de le penser; mais de temps à autre nous croisons quelques vols de canards de taille énorme et presque blancs. Quoi qu'il en soit, je me pâme à les voir. Vive le Chili! c'est la vie qui reprend!

Cependant le chemin devient plus praticable, et la troisième rampe conduit au plateau du Juncal. On suit alors une gorge assez sombre. A de sinistres profondeurs, deux torrents qui s'y croisent mugissent impétueux ; bientôt, prenant le même lit, ils forment le Rio d'Aconcagua, cette large rivière que nous devons suivre désormais jusqu'à la ville des Andes.

C'est donc le long de ce torrent, dont le lit le plus souvent est notre unique route, que nous descendons la quatrième rampe. Elle nous conduit à ce charmant et frais endroit de la vallée que des sources sans nombre d'une eau cristalline et fraîche ont fait nommer *los Ojos de Agua*. Là, la végétation reparaît tout à coup ; et quoiqu'elle se réduise encore à peu de chose, elle est la bienvenue de ceux qui si longtemps s'en sont trouvés privés.

Enfin une cinquième, une dernière rampe, beaucoup moins pénible, mais plus que jamais longue, nous mène à *los Hornos*, où, brisés, nous trouvons un gîte pour la nuit.

Sixième journée : *De los Hornos à la ville de Santa-Rosa de los Andes.* (Dix lieues.) — Cette dernière partie du chemin, pour n'être plus aussi sévère, n'en garde pas moins cependant un aspect des plus pittoresques. Le Rio d'Aconcagua poursuit son cours rapide, et, recevant de nombreux affluents, devient une belle rivière. La végétation s'accentue : çà et là, des cactus géants, aux fleurs rouges éclatantes, paraissent suspendus aux rochers de la montagne; nous revoyons les gazons, la verdure; quelques jolis arbustes égayent le paysage : voici, entre autres, l'acacia, l'eucalyptus et le quillay. Cette dernière essence est celle qui domine. Le quillay (*quillara saponaria*) est un arbre touffu qui en petit ressemble au chêne : c'est l'arbre à savon, celui de l'écorce duquel s'extrait le savon dit de *Panama*.

Comme étude zoologique, j'observe un petit canard plongeur qui fait un singulier manége : debout en sentinelle sur une roche au milieu du torrent, il épie. Aperçoit-il sa proie, il se laisse tomber et plonge; veut-il descendre la rivière, il se confie au courant qui l'entraîne; prétend-il remonter, il ouvre l'aile et vole. Cette espèce est abondante : il y en a de bruns à tête verte ainsi que de noirs à tête blanche.

Enfin, comme un dernier reflet d'un superbe voyage et d'une route accidentée, ce matin nous découvrons encore une merveille. C'est, au sein des montagnes, une immense crevasse, produit presque certain d'un tremblement de terre. Du haut en bas, les roches, brusquement séparées, se correspondent en tous points. L'ouverture de ce gouffre a tout au plus huit mètres; la profondeur à pic est d'au moins six cents pieds; au fond s'étrangle et mugit la rivière.

Cet endroit, appelé *Salto del sodado* ou « le Saut du soldat », devait fatalement posséder sa légende : on dit que, poursuivi par une bande d'Indiens, un soldat, affolé, a sauté la crevasse. Certes, ce n'est qu'une légende; cependant elle trouve ici ses croyants. Mon brave Saturnino est tout naturellement du nombre; mais je dois dire à son honneur que, pour donner au moins un vernis de vérité aux assertions qu'il me fait à cet égard, il m'explique, cet homme à la robuste foi, que la crevasse s'est sans doute élargie depuis ce fait à jamais mémorable.

Un instant nous quittons la rivière d'Aconcagua pour aller passer sur un pont de bois le Rio-Colorado, l'un de ses nouveaux affluents, puis nous rejoignons la vallée principale sur l'autre rive, à la douane chilienne.

O prodige! nous trouvons dans tous les employés de cet établissement des gens polis, gracieux, empressés : ils s'occupent bien plus de voir si nous ne manquons de rien que de constater si nous avons sur nous quelque chose de trop; ils ont moins de souci de fouiller dans nos sacs et de nous soumettre à mille vexations, que de s'informer de la façon dont nous nous sommes tirés du périlleux voyage. Braves gens, presque tous Indiens! Eux, du moins, ont compris la véritable et unique façon dont partout devrait s'accomplir le pénible travail qui leur est ici confié.

Nous poursuivons notre chemin dans la vallée, qui s'élargit et se dépouille peu à peu de son caractère extrasauvage. La route s'aplanit, les montagnes s'abaissent, les champs, les maisons reparaissent; enfin, nous faisons notre entrée dans la jolie petite ville de Santa-Rosa de los Andes ou des Andes.

De Santa-Rosa de los Andes à Santiago de Chile. (Cinq heures de chemin de fer.) —Peuplée de vingt-cinq mille âmes, Sainte-Rose des Andes est au Chili, de ce côté-ci de la chaîne, ce qu'est à la république Argentine Mendoza de l'autre côté, c'est-à-dire la clef d'un grand pays voisin et le centre du commerce transandin; mais, plus heureuse que cette dernière, elle se trouve déjà reliée par un chemin de fer aux deux grandes villes du pays, Santiago, la capitale, et Valparaiso, le port de mer.

Quoique sa jolie situation la rende naturellement charmante, elle n'offre rien de curieux en elle-même; et s'il faut en juger par le pétrole qui l'éclaire, elle apparaît plus primitive encore qu'on ne serait en droit de le supposer.

Le hasard m'ayant jeté dans ses murs précisément la veille de la fête de Pâques, j'y pus assister, la nuit même, à une cérémonie religieuse que je veux retracer ici comme un tableau de genre qui m'a vivement frappé par son caractère simple, original peut-être, mais avant tout émouvant et pieux.

A quatre heures du matin, suivant un usage qui remonte aux origines de la ville elle-même, se fait la *procession de la Résurrection*. Voici en peu de mots comment la chose a lieu : de deux extrémités opposées de la ville partent à la même heure, en vue de se rencontrer au centre, deux grands et populeux cortéges. Tous deux comptent également des membres du clergé, quelques enfants de chœur, des statues de saints, des bannières et des cierges sans nombre (on se bat ici pour en avoir!); ils ne diffèrent qu'en ce point que l'on porte dans l'un l'image du Christ ressuscité, et dans l'autre celle de la Vierge, qu'un long voile de crêpe recouvre tout entière. Processionnellement, recueillis, en silence, les deux cortéges avancent l'un vers l'autre et se rencontrent sur la place. Mis en présence et d'un commun accord, les porteurs du Christ et de la Vierge inclinent le genou, et leurs statues paraissent échanger un salut. Le prêtre alors récite quelques prières, puis dépouille la Vierge de son voile funèbre. Tout aussitôt les chants, la musique commencent; de toutes parts éclatent des fusées, et les cloches sonnent à toute volée. Les deux cortéges se rapprochent, leurs foules se confondent; on s'embrasse, et le tout, en grande pompe, rentre à l'église, qui, pour la circonstance, est richement tendue et brillamment illuminée.

Simple et touchante cérémonie, on le voit, qui peint un peuple et rappelle des temps, hélas! trop éloignés de nous! Toute la ville est sur pied, les rues débordent; c'est la nuit... et cependant l'ordre le plus parfait, le calme le plus absolu ne cessent un instant de régner.

De la ville des Andes au Pacifique ou, de même, à Santiago, la capitale du Chili, il y a cinq heures de chemin de fer environ. C'est une jolie route : la voie serpente, monte, descend, s'élève encore très-haut sur les montagnes, passe des tunnels et franchit des torrents. J'aurai sujet d'y ramener le lecteur bientôt peut-être, en traitant du Chili.

FIN

TABLE

Avant-Propos   I

LE BRÉSIL

—

RIO-JANEIRO

Arrivée à Rio-Janeiro. — Impressions premières. — Panorama. — Débarquement. — Rio et son aspect. — Origine du nom de Rio-Janeiro. — Vue d'ensemble de la ville. — Vue de détail : les maisons, les rues. — Tilburys et tramways. — Les hôtels, les théâtres. — Arts, sciences et lettres. — Monuments. — Jardins : le *Passeio publico*. — Faubourgs et villas. — Le Jardin botanique.   1

II

LES BRÉSILIENS

Détails de mœurs, scènes intimes. — Arrivée d'un steamer en rade de Rio. — Le câble transatlantique. — Un grand bal au Casino. — Visite à S. M. don Pedro II. — Le palais de Saint-

Christophe. — Train de maison de l'empereur, sa simplicité. — La religion catholique au Brésil. — Une grande cérémonie religieuse à Rio. — Quelques mots sur la race nègre. .   17

III

ENVIRONS DE RIO

Nictheroy et ses alentours. — Une chasse en pirogue. — Montagnes célèbres. — Le pain de sucre. — Un lever de soleil au Corcovado. — La Tijuca. — La petite ville de Petropolis.   34

IV

L'INTÉRIEUR ET LES PLANTATIONS DE CAFÉ

Richesses et produits de l'intérieur. — Le café. — Fazendas et fazenderos. — Plantation et récolte du café. — Séchage, triage, expédition du café. — Les esclaves. — Comment on les traitait jadis et comment on les traite aujourd'hui. — La danse nègre. — L'affranchissement au Brésil.   45

V

LA VIE DE FAZENDA

Habitation du *fazendero*. — Hospitalité, simplicité du planteur. — Une chasse aux canards dans les cannes. — Du gibier en général et de la chasse au Brésil. — Les serpents. — La forêt vierge : ses merveilles et ses inconvénients. — Perdu dans la forêt. — Conclusion   59

L'URUGUAY

VI

MONTEVIDEO

Adieux au Brésil : traversée. — L'Uruguay, ses bornes, ses noms divers. — Montevideo. — Aspect général. — La ville, le port. — Le *Pampeiro*. — Origine du nom de Montevideo. — Habitants et types divers. — Étude de mœurs sur les deux sexes. 79

VII

US ET COUTUMES A MONTEVIDEO

Le carnaval. — Description du cortége. — Les *pomitas*. — Masques. — La cérémonie dite de l'enterrement du carnaval. — Les bals à Montevideo 93

VIII

COMBATS DE TAUREAUX

L'arène de Montevideo. — Description et péripéties d'une course de taureaux. — Les combats de coqs. 100

IX

INSTITUTIONS

La police. — Les *serenos*. — Assassinats et vols. — Le vol à la loterie. — L'armée. — L'enrôlement. 112

X

RELIGION

Le catholicisme, religion d'État.—La superstition.—La réclame à Montevideo. 119

LES PAMPAS

XI

ASPECT GÉNÉRAL DES PAMPAS

Origine du mot. — Ce qu'est la *pampa*. — Animaux d'élevage. — *Posteros*. — *Estancias* et *estancieros*. — Personnel et distribution d'une *estancia*. 125

XII

INDUSTRIE PASTORALE DANS LA PAMPA

(*a*) Le cheval. —Son utilité, son type, ses qualités. —*Manadas* et *tropillas*.—Le dressage.—(*b*) Le mouton. — Avantages, inconvénients. — (c) Le bétail. — Son origine. — Son emploi. — Son prix. — Son rendement. 134

XIII

LES GAUCHOS

Portrait du *gaucho*. — Son costume. — Instruments de travail : le *lazo*, les *bolas*. — Mœurs et coutumes des *gauchos*. — Le *mate*. — Travail des animaux : le *rodeo*, la *marca*. — Courses et jeux. — Les *gauchos* à cheval. — Leur salaire 145

XIV

CHASSES DANS LA PAMPA

La chasse et la pêche. — Un poisson entre mille. — Façon de chasser. — Gibiers divers. — La chasse à cheval et ses péripéties. — L'autruche et ses mœurs. — Chasse à l'autruche. — Le cerf des prairies. — Chasse au petit hippopotame. — Un chat-tigre. — Les mirages dans la *pampa*. — Les vers luisants 161

XV

LES SAUTERELLES

Invasion de ces animaux. — Leurs mœurs et leurs ravages. — Une ville assiégée par les sauterelles. — Le *bicho colorado*. 178

XVI

LES SALADEROS ET L'USINE LIEBIG

Les *troperos* et leur mission. — Industrie des *saladeros*. — Fray-Bentos et le grand établissement fondé par le baron Liebig. — Ce qu'y devient un bœuf en moins de cinq minutes. — L'extrait Liebig et sa fabrication. — Un mot et quelques chiffres sur la célèbre Compagnie. 184

DE L'ATLANTIQUE AU PACIFIQUE

PAR LA RÉPUBLIQUE ARGENTINE ET LA CORDILLÈRE DES ANDES

XVII

BUENOS-AYRES ET LA RÉPUBLIQUE ARGENTINE

Buenos-Ayres. — La ville. — Le port. — La rade un jour de *pampeiro*. — Notions historiques. — La république, ses bornes, son étendue. — Le beau fleuve du Parana. — Itinéraire du voyage par terre au Chili. — Départ. — Le Tigre. — Rosario. 193

XVIII

TRAVERSÉE DES PAMPAS ARGENTINES

Lilla-Maria. — Les rivières chiffrées. — Rio-Cuarto. — Cinq jours en chaise de poste. — Le Morro. — Première nuit à la belle étoile. — San Luiz. — Le *rancho* de Totora. — Première vue des Andes. — Un nuage de sauterelles. — Santa-Rosa. — Une tempête de sable. — Perruches et *loros*. — Arrivée à Mendoza. 205

XIX

MENDOZA

Aspect de la ville.—Le tremblement de terre de 1860 et les ruines de Mendoza. — Environs de Mendoza. — Les vignes. . 225

XX

PASSAGE DE LA CORDILLÈRE DES ANDES

Préparatifs de départ. — Ma caravane. — Six journées de mule. — *Première journée :* De la Chimba à Villa-Vicencia. — *Deuxième journée :* De Villa-Vicencia à Uspallata. — *Troisième journée :* De Uspallata à Punta de las Vacas. — *Quatrième journée :* De la Punta au pied de la Cordillère proprement dite. — *Cinquième journée :* Du pied de la Cordillère à los Hornos; passage du col de la Cumbre. — *Sixième journée :* De los Hornos à la ville de Santa-Rosa de los Andos. — Chemin de fer des Andes à Santiago du Chili. . . . 232

FIN DE LA TABLE

PARIS. TYPOGRAPHIE DE E. PLON ET Cⁱᵉ, RUE GARANCIÈRE, 8.

EN VENTE A LA MÊME LIBRAIRIE

Aux Antilles, par M. Victor MEIGNAN. — Un joli volume in-18, enrichi de huit gravures. Prix. . . . . 4 fr.

L'Ile de Cuba : *Santiago, Puerto-Principe, Matanzas, la Havane*, par Hippolyte PIRON. Un volume in-18, enrichi de gravures. Prix. . . . . 4 fr.

Un Français en Amérique : *Yankees, Indiens, Mormons*, par Paul TOUTAIN. Un volume in-18 jésus. . . . . . 3 fr.

La Vie aux États-Unis, notes de voyage, par Xavier EYMA. Un volume in-18 jésus. Prix. . . . . 3 fr. 50

Les États-Unis contemporains, ou les Institutions, les Mœurs et les Idées, depuis la guerre de la Sécession, par Claudio JANNET, avec une lettre de M. F. LE PLAY. Deux volume in-18 jésus. 3º *édition*. Prix. . . . . 6 fr.

Un Été en Amérique, par M. Jules LECLERCQ. Un vol. in-18, enrichi de 16 gravures d'après des croquis de l'auteur. 4 fr.

Le Fayoum, le Sinaï et Pétra, expédition dans la moyenne Égypte et l'Arabie Pétrée, sous la direction de J. L. GÉROME, par Paul LENOIR. Un joli vol. in-18, enrichi de quatorze gravures, d'après des études de Gérome et d'après des photographies. Prix. . . . . 4 fr.

Syrie, Palestine, mont Athos, voyage aux pays du passé, par le vicomte Eugène-Melchior DE VOGÜÉ. Un volume in-18 jésus, illustré par J. Pelcoq, d'après des photographies. Prix. 4 fr.

Bosnie et Herzégovine, souvenirs de voyage pendant l'insurrection, par Charles YRIARTE. Un volume in-18 jésus, avec carte et gravures. Prix. . . . . 4 fr.

Le Caucase, la Perse et la Turquie d'Asie, d'après la relation de M. le baron de Thielmann, par M. le baron ERNOUF. Un joli vol. in-18, enrichi d'une carte et de vingt gravures. 4 fr.

Le Monténégro contemporain, par G. FRILLEY, officier de la Légion d'honneur, et JOVAN WLAHOVITJ, capitaine au service de la Serbie. Un joli volume in-18 jésus, orné d'une carte et de dix gravures. Prix. . . . . 4 fr.

Paris. Typographie de E. Plon et Cie, rue Garancière, 8.

www.ingramcontent.com/pod-product-compliance
Lightning Source LLC
Chambersburg PA
CBHW070743170426
43200CB00007B/635